ORACIONES QUE MUEVEN MONTAÑAS

JOHN ECKHARDT

CASA CREACIÓN

Para vivir la Palabra

Para vivir la Palabra

MANTÉNGANSE ALERTA;
PERMANEZCAN FIRMES EN LA FE;
SEAN VALIENTES Y FUERTES.
—1 CORINTIOS 16:13 (NVI)

Oraciones que mueven montañas por John Eckhardt
Publicado por Casa Creación
Miami, Florida
www.casacreacion.com
Copyright © 2012, 2021 por Casa Creación

Library of Congress Control Number: 2012938666
ISBN: 978-1-61638-766-2
E-book ISBN: 978-1-61638-782-2

Desarrollo editorial: *Grupo Nivel Uno, Inc.*
Diseño interior: *Grupo Nivel Uno, Inc.*

Publicado originalmente en inglés bajo el título:
     Prayers That Move Mountains; © 2011 por John Eckhardt
     Charisma House, A Charisma Media Company,
     Lake Mary, FL 32746
     Todos los derechos reservados.

Nota de la editorial: Aunque el autor hizo todo lo posible por proveer teléfonos y páginas de Internet correctas al momento de la publicación de este libro, ni la editorial ni el autor se responsabilizan por errores o cambios que puedan surgir luego de haberse publicado.

Impreso en Colombia

20 21 22 23 LBS 9 8 7 6 5 4 3 2 1

ÍNDICE

3

INTRODUCCIÓN

¡QUÍTATE!

> Porque de cierto os digo que cualquiera que dijere a este monte: Quítate y échate en el mar, y no dudare en su corazón, sino creyere que será hecho lo que dice, lo que diga le será hecho. Por tanto, os digo que todo lo que pidiereis orando, creed que lo recibiréis, y os vendrá.
>
> —MARCOS 11:23–24

¿A QUÉ MONTAÑA SE está enfrentando en esta época de su vida? ¿El desempleo? ¿Problemas económicos? ¿Un matrimonio difícil? ¿Enfermedad? ¿Ejecución hipotecaria? ¿Un pecado al que no puede derrotar? Sea lo que sea, la solución está en que se dirija a esa montaña y le diga: "¡Quítate!".

Nos han sido devueltas las claves para la liberación, la libertad y la vida abundante. Jesús vino para devolvernos nuestra autoridad en la tierra a fin de poder ejercitar la oración y la fe para traer la voluntad de Dios del ámbito celestial a la esfera terrenal, afectando a nuestra vida aquí y ahora.

La Biblia dice que usted puede decretar y declarar cosas con su boca, y sucederán (Romanos 4:17). Según Josué 1:8, usted tiene el poder para hacer prosperar su camino, para allanar las montañas que haya en su camino. Al meditar y obedecer la Palabra de Dios, se sitúa en un lugar de vida y bendición. La decisión es donde radica su poder. Lo que usted decida decir y declarar debe coincidir con su forma de vivir y con aquello en que medita.

La característica de una persona justa es la fe en Dios. Usted debe conocer a Dios para tener fe en Él. La clave para mover montañas es realmente conocer a Dios y habitar en su presencia. El justo vive por la fe en Dios y no confía en sus propias capacidades o lo que otras personas puedan hacer por él. Jesús lo dijo: "Tened fe en Dios" (Marcos 11:22).

No eleve sus problemas hasta un nivel en el que se conviertan en su ídolo. Usted sirve a un gran Dios que es fiel para liberar a su pueblo de todos sus problemas (Salmo 34:17, 19). Camine en fe. La oración puede cambiar las cosas. La adoración puede cambiar las cosas. Su fe puede mover montañas. Usted prosperará aun en los tiempos malos. Su prosperidad no depende del mercado de valores, del NASDAQ o de los índices hipotecarios. Su prosperidad depende de Dios. Sea un dador. Sea un adorador. Sea obediente. Viva de forma transparente. Dios le prosperará y bendecirá.

Cuando Él mandó todas las plagas sobre los egipcios en la tierra de Gosén, ninguna recayó sobre los judíos. Ellos fueron protegidos de la langosta, de las plagas y del juicio. Pídale a Dios que ponga una unción Gosén sobre usted. Puede que caiga sobre esta persona o sobre aquella. Puede que haya oscuridad por ahí, pero usted tendrá sol. Quizá la langosta se coma la cosecha de otras personas, pero usted tendrá lluvia sobre sus cosechas, porque está bajo la protección de Dios. "El que habita al abrigo del Altísimo morará bajo la sombra del Omnipotente... Caerán a tu lado mil, y diez mil a tu diestra;

mas a ti no llegará" (Salmo 91:1, 7), porque usted camina por fe y no por vista.

Ponga su confianza en Dios. Tenga fe en Dios para poder decir a su montaña: "Quítate y échate en el mar", y si no duda en su corazón, sino cree que lo que diga sucederá, recibirá cualquier cosa que diga.

En este libro voy a enseñarle cómo hablar a las montañas y a cualquier cosa que se interponga en su camino. Aprenderá usted a decir: "¡Quítate!". Su fe en un Dios grande es la clave para esto. Si usted habla en fe, su fe puede mover montañas. Cuando algo se interponga en su camino, háblele. No hay ningún programa del gobierno que pueda mover su montaña, ni ninguna página como quitamimontaña.com. ¡No! Hable, aprenda a caminar y a vivir por fe. No se desanime ni se enrede en montañas económicas y en otros problemas que le desgastan. Usted tiene el poder para mover montañas.

Dios siempre está sentado en el trono. La salvación no se trata solamente de ir al cielo, sino también de gobernar y reinar en su autoridad en la tierra. Se trata de vivir en el Reino de Dios. Estamos viviendo en la era del Reino ahora: la era de salvación, liberación, gracia, gloria, poder y prosperidad. Su fe es la clave para que todo esto suceda.

DECLARACIONES DE FE

Gracias a Cristo soy libre, y a quien el Hijo
liberta es verdaderamente libre.

No pongo mi confianza en el hombre. No pongo mi
confianza en la carne. Pongo mi confianza en Dios.

Vivo por fe. Camino por fe y no por vista.

Soy responsable de mis decisiones y elecciones. Tomo
una decisión. Escojo la vida. Escojo las bendiciones.
Escojo la Palabra de Dios. Escojo la sabiduría.

Gracias, Señor, porque soy responsable de
hacer mi camino próspero y tener éxito.

Tengo fe para hablar a los montes, y me obedecerán.

Mi corazón nunca se apartará de ti,
Señor. Siempre serviré a Dios.

Gracias, Señor, por la prosperidad.
Floreceré porque vivo en los días del Mesías.

Prosperaré y tendré éxito por la gracia
de Dios, en el nombre de Jesús.

Oraciones que derriban montañas*

Hablo a cada monte de mi vida y le ordeno que
sea quitado y echado al mar (Marcos 11:23).

Ordeno a todo monte económico que sea
quitado de mi vida, en el nombre de Jesús.

Que todo monte maligno escuche la voz
del Señor y sea quitado (Miqueas 6:2).

---

* De John Eckhardt, *Oraciones que derrotan a los demonios* (Casa Creación, © 2009), pp.
50–51.

Profetizo a los montes y les ordeno escuchar la Palabra de Dios y ser quitados (Ezequiel 36:4).

Que las montañas tiemblen ante la presencia de Dios (Habacuc 3:10).

Contiendo contra todo monte y le ordeno escuchar mi voz (Miqueas 6:1).

Convierto en desolación los montes de Esaú (la carne) (Malaquías 1:3).

Levanta tu mano, oh Señor y trastorna de raíz los montes (Job 28:9).

Ordeno a todo monte de deuda que sea quitado y echado al mar.

Señor, tú estás en contra de todo monte de destrucción (Jeremías 51:25).

Que los montes tiemblen ante tu presencia, oh Dios (Jueces 5:5).

Convierte en soledad todo monte de maldad en mi vida, oh Señor (Isaías 42:15).

Trillo todo monte y lo moleré, y los collados reduciré a tamo (Isaías 41:15).

Cada monte en mi camino se convertirá en llanura (Zacarías 4:7).

CAPÍTULO 1

LA ORACIÓN DE FE

Y la oración de fe salvará al enfermo, y el Señor
lo levantará; y si hubiere cometido pecados, le
serán perdonados.

—SANTIAGO 5:15

Y todo lo que pidiereis en oración, creyendo, lo
recibiréis.

—MATEO 21:22

Pero sin fe es imposible agradar a Dios; porque
es necesario que el que se acerca a Dios crea
que le hay, y que es galardonador de los que le
buscan.

—HEBREOS 11:6

LA ORACIÓN DE fe es valiente y se hace desde un fundamento de fe sólido. La persona que hace esta oración está
segura de la voluntad de Dios para la situación o el asunto
entre manos. Tiene seguridad y esperanza, sabiendo que es
la voluntad de Dios responder a su oración. "La oración de fe
tiene poder. La oración de fe tiene confianza. La oración de fe
tiene sanidad para el cuerpo y el alma".[1]

La Iglesia del Nuevo Testamento estaba haciendo este tipo de oración cuando oraba por Pedro. Justamente en medio de su oración oyeron golpes en la puerta, y era Pedro. Se quedaron asombrados. Podemos ver muchos otros ejemplos de esta oración en el ministerio de Jesús, los apóstoles y en nuestras vidas hoy. Los apóstoles oraron sabiendo cuál era la voluntad de Dios para las situaciones que afrontaban.

Muchos creyentes temen que cuando dejen las cosas para que se haga la "voluntad de Dios", de algún modo no recibirán la solución, provisión, sanidad o liberación que necesitan. Pero no conocen la voluntad de Dios para ellos. Según la oración modelo que Jesús dio a sus discípulos en Mateo 6:9–11, debemos orar para que se haga la voluntad de Dios. Pero la gente "renuncia a su inteligencia en ese punto ante el Dios desconocido…No dice: 'Si es tu voluntad' y se detiene ahí. Hay una coma aquí, no un punto. La oración es esta: 'Hágase tu voluntad, como en el cielo, así también en la tierra' (Lucas 11:2)".[2] Yo diría que hay una diferencia significativa.

FE EN LA VOLUNTAD DE DIOS

Cuando hacemos la oración de fe, estamos orando la voluntad de Dios para que se hagan las cosas en la tierra como se hacen en el cielo. Aquí es donde es muy importante una revelación clara del Reino. ¿Hay enfermedad en el cielo? ¿Hay carencia en el cielo? ¿Hay alguna persona no salvada en el cielo? Debemos tener fe para creer que Dios quiere que su voluntad para nuestra salud, prosperidad y la salvación completa se manifieste no solo cuando vayamos al cielo sino también mientras habitamos en la tierra. Es para su gloria. Cuando las personas ven que Dios escucha a su pueblo y contesta sus oraciones, eso es un testimonio para Él. Las personas son atraídas a Dios cuando pueden ver mediante sus testigos que Él es un Dios que oye, y si oye, ellos saben que responderá.

Jesús dijo: "Yo he venido para que tengan vida, y para que la tengan en abundancia" (Juan 10:10). Tiene usted que obtener la seguridad de que es la voluntad de Dios para usted, para que cuando ore, lo haga con confianza y fe en que Él responderá.

> El Señor quiere que tengamos más fe. Cuando varios están orando juntos por la misma petición y uno ha hecho la oración de fe, el Espíritu Santo glorificará a Jesús dando testimonio de la oración que se ha oído…El Señor quiere que sepamos que Él nos ha oído. Tenemos que darle gracias y alabarle por responder, y eso nos ayudará mucho cuando oremos.[3]
>
> —William Seymour

Una gran fe

Hay muchos tipos distintos de fe: (1) fe para ser salvo, (2) fe general en lo que a usted le parece real, (3) fe en que Dios es real, (4) fe en que su silla no se romperá cuando se siente sobre ella, etc. Pero de lo que estoy hablando en este capítulo es de otro tipo de fe, una fe especial. La Nueva Traducción Viviente dice: "A otro el mismo Espíritu le da gran fe" (1 Corintios 12:9). Esta fe, también denominada fe especial, es uno de los dones espirituales. Smith Wigglesworth dijo que usted a menudo verá que si da un paso de fe y usa su propia fe, la que tiene como cristiano, cuando se le acabe a menudo se activará esta fe sobrenatural. La razón por la que no les ha sucedido a muchas personas es porque no usan primero lo que ya tienen.

> Cada creyente ya tiene una fe general o salvadora, la cual también es un don. Efesios 2:8 dice: "Porque por gracia sois salvos, por medio de la fe; y esto no de vosotros, pues es don de Dios".
>
> La fe por la que usted es salvo es un don de Dios, pero no es uno de los nueve dones del Espíritu. La fe salvadora usted la recibe oyendo la Palabra, porque la Biblia dice: "Así que la fe [fe salvadora] es por el oír, y el oír, por la palabra de Dios" (Romanos 10:17).
>
> La fe de la que estamos hablando, "fe especial", es distinta a la fe general o fe salvadora. Es una manifestación sobrenatural del Espíritu Santo mediante la cual un creyente es capacitado con una fe especial, o gran fe, que está por encima de la fe salvadora.[4]

Este es el tipo de fe que usted necesita para mover las obstrucciones y los obstáculos de su camino. Enfermedad, problemas económicos, abuso, orgullo, desempleo, ataduras y fortalezas de todo tipo no podrán permanecer en su vida cuando usted ore con esta gran fe. ¡Se tienen que ir!

Lo único que tiene que hacer es creer, y nada será imposible para usted (Marcos 9:23). Eso es especial. Esta fe especial hará que hable usted a demonios tercos y les diga: "Espíritu mudo y sordo, yo te mando, sal de él, y no entres más en él" (v. 25). La fe especial es la gran fe que Jesús tuvo durante su ministerio en la tierra, y Él dijo que nosotros caminaríamos en un poder incluso mayor y haríamos cosas mayores de las que Él hizo.

PROFETICE A SU MONTAÑA

Me acuerdo del pasaje de Ezequiel donde Dios le dijo al profeta que profetizase a un valle de huesos secos. Aunque Ezequiel no tenía manera de comparar en lo natural que lo que Dios le estaba pidiendo hacer era posible, sí tenía una fe inconmovible en el Dios que se lo ordenó.

> Y me dijo: Hijo de hombre, ¿vivirán estos huesos? Y dije: Señor Jehová, tú lo sabes. Me dijo entonces: Profetiza sobre estos huesos, y diles: *Huesos secos, oíd palabra de Jehová...* Profeticé, pues, como me fue mandado; y hubo un ruido mientras yo profetizaba, y he aquí un temblor; y los huesos se juntaron cada hueso con su hueso. Y miré, y he aquí tendones sobre ellos, y la carne subió, y la piel cubrió por encima de ellos... y entró espíritu en ellos, y vivieron, y estuvieron sobre sus pies; un ejército grande en extremo.
>
> —EZEQUIEL 37:3-10, ÉNFASIS AÑADIDO.

¿Puede oírle su montaña profetizarle la palabra del Señor? Le reto a comenzar a incorporar la oración de fe y comenzar a profetizar a su montaña. Dígale: "Montaña, la Palabra dice que si creo, nada es imposible para mí. Montaña, creo la Palabra del Señor, y la Palabra del Señor para ti hoy es ¡QUÍTATE y échate al mar!".

Incluso si usted nunca antes ha visto liberación, sanidad o victoria en su vida o en su familia, sepa que hoy es un nuevo día y que su fe en el poder de Dios hará que lo imposible sea posible para usted.

ORACIONES QUE LIBERAN FE ESPECIAL[*]

Declaro que yo, como Enoc, tengo un testimonio que le agrada a Dios por medio de mi fe (Hebreos 11:5).

Gracias a mi fe, estoy agradando a Dios, y Él me galardonará porque lo busco diligentemente (Hebreos 11:6).

Por la fe, habitaré como extranjero en la tierra prometida como en tierra ajena, morando en tiendas con Isaac y Jacob, coherederos de la misma promesa (Hebreos 11:9).

Por la fe dejo cualquier cautiverio que busque atraparme; me sostengo como viendo al Invisible (Hebreos 11:27).

Decreto y declaro que por fe atravesaré mis pruebas como por tierra seca, y mis enemigos serán ahogados (Hebreos 11:29).

---

* Algunas oraciones son de John Eckhardt, *Oraciones que traen sanidad* (Casa Creación, ©2010), pp. 62–65.

Rodearé los muros inamovibles en mi vida y por mi fe esos muros caerán (Hebreos 11:30).

Como Rahab, recibiré a los hombres de Dios en paz. No pereceré juntamente con los desobedientes (Hebreos 11:31).

Conquistaré reinos, haré justicia, alcanzaré promesas y taparé bocas de leones gracias a mi fe (Hebreos 11:33).

Declaro que no solamente alcanzaré un buen testimonio mediante la fe, sino que también recibiré todo lo que Dios ha prometido (Hebreos 11:39–40).

Soy confirmado y ungido por Dios (2 Corintios 1:21).

Activo mi fe como grano de mostaza y le digo a este monte de enfermedad y dolencia en mi vida: Pásate de aquí allá. Nada me será imposible (Mateo 17:20).

Como me has ungido, tengo fe y no dudo de que puedo hablarle a cualquier enfermedad, maldecirla de raíz y hacer que se seque y se muera, así como tú lo hiciste con la higuera. También sé que si le digo a este monte de enfermedad que se quite y se eche en el mar, será hecho (Mateo 21:21).

Declaro que tengo una fe grande y extraordinaria en el poder de Jesucristo, fe que no se puede encontrar en ninguna otra parte (Mateo 8:10).

Así como Jesús se puso de pie en la barca y le habló a
la tormenta, yo también puedo levantarme en medio
de las tormentas de mi vida y reprender a los vientos
y el mar, y ordenar que se haga grande bonanza en mi
vida. Mi fe invalida todos mis temores (Mateo 8:26).

No me hundiré en la falta de fe y en la duda; seré
asido por la poderosa mano de Dios (Mateo 14:31).

Oro como tus ungidos discípulos oraron:
"Auméntanos la fe" (Lucas 17:5).

No me debilitaré en la fe. Como Abraham, declaro que mi
cuerpo no está muerto sino vivo para dar a luz los dones
y la unción que Dios ha apartado para mí (Romanos 4:19).

No dudaré, por incredulidad, de la promesa
de Dios, sino que me fortaleceré en fe,
dando gloria a Dios (Romanos 4:20).

Mi fe se incrementa cuanto más escucho y
escucho la Palabra de Dios (Romanos 10:17).

Aunque paso por muchas pruebas comunes en
esta vida, Dios, yo declaro que tú eres fiel. No me
dejarás enfrentar cosas más allá de lo que pueda
resistir. Tú me has dado una salida y por medio
de tu fuerza puedo soportar (1 Corintios 10:13).

Ando por fe y no por vista (2 Corintios 5:7).

Declaro que tengo la certeza y la convicción
de lo que espero (Hebreos 11:1).

Tú eres Señor de todo y el universo fue hecho
por tus palabras. Hablaste y lo que se ve fue
hecho de lo que no se veía (Hebreos 11:3).

Veo por medio de los ojos de la fe la promesa
de lo que está lejos. Estoy persuadido de su
realidad. La saludo, sabiendo que soy extranjero
y peregrino sobre la tierra (Hebreos 11:13).

Permaneceré firme y no dudaré. Vengo confiadamente
delante de Dios, pidiendo en fe (Santiago 1:6).

No sufriré naufragios en mi vida, porque tengo
fe y buena conciencia (1 Timoteo 1:19).

Gracias, Dios, porque la prueba de mi fe
produce paciencia para esperar a que tu Palabra
se manifieste en mi vida (Santiago 1:3).

Retengo el misterio de fe con una
conciencia pura (1 Timoteo 3:9).

Declaro que mi fe actúa juntamente con mis obras,
y por mis obras mi fe se perfecciona (Santiago 2:22).

Mostraré mi fe por mis obras (Santiago 2:18).

Estoy bendecido con el creyente Abraham
porque soy una persona de fe (Gálatas 3:9).

Por la fe, los muros que levantaron alrededor
del territorio que Dios me ha prometido caerán
como los muros de Jericó (Hebreos 11:30).

Por mi fe en Jesús tengo valentía y confianza
para acercarme a Dios (Efesios 3:12).

Soy hijo de Abraham porque tengo fe (Gálatas 3:7).

Soy hijo de Dios porque tengo fe
en Jesucristo (Gálatas 3:26).

Ando en paz porque mi fe me ha salvado
(Lucas 7:50).

Mi fe es viva (Santiago 2:17).

El Espíritu de Dios me ha dado el
don de fe (1 Corintios 12:9).

Tengo fe en Dios (Marcos 11:22).

Que según mi fe, así me suceda (Mateo 9:29).

Ningún hombre tiene dominio sobre mi
fe. Actúo en fe (2 Corintios 1:24).

Como Esteban, hago grandes señales y maravillas
porque estoy lleno de fe (Hechos 6:8).

Me levantaré e iré por mi camino, porque
mi fe me ha sanado (Lucas 17:19).

Recibo mi vista; mi fe me ha sanado (Lucas 18:42).

No tengo fe en la sabiduría de los hombres
sino en el poder de Dios (1 Corintios 2:5).

No seré perezoso, e imitaré a aquellos que por la fe y la
paciencia heredan las promesas de Dios (Hebreos 6:12).

El justo por la fe vivirá (Romanos 1:17).

La justicia de Dios se revela mediante
la fe en Jesús (Romanos 3:22).

Soy justificado por mi fe en Jesús
(Romanos 3:26).

Tengo acceso mediante la fe a la
gracia de Dios (Romanos 5:2).

He resucitado a la vida mediante la fe
en Cristo (Colosenses 2:12).

No temo la ira del rey y por fe abandono
Egipto (Hebreos 11:27).

Mediante la fe recibo la promesa de
Dios en mi vida (Gálatas 3:22).

Mi fe y esperanza están en Dios (1 Pedro 1:21).

Mi fe no fallará (Lucas 22:32).

Mediante la fe tengo segura la promesa de Dios,
la simiente de Abraham (Romanos 4:16).

Hago la oración de fe y veré al enfermo
sano y salvo (Santiago 5:15).

Tomo el escudo de la fe y apago todos los
dardos de fuego del maligno (Efesios 6:16).

Me pongo la coraza de la fe y el
amor (1 Tesalonicenses 5:8).

Obtengo buen testimonio para mí y gran valentía
en mi fe en Jesucristo (1 Timoteo 3:13).

Las Santas Escrituras me hacen sabio para salvación
mediante la fe en Cristo Jesús (2 Timoteo 3:15).

Compartir mi fe es eficaz porque reconozco que todo lo
bueno que hay en mí es gracias a Jesús (Filemón 1:6).

Soy justificado por mi fe en Cristo (Gálatas 2:16).

Soy rico en fe y heredero del Reino (Santiago 2:5).

Peleo ardientemente por la fe que
me fue entregada (Judas 3).

La Palabra produce buenos resultados en mí porque
mezclo lo que he oído con la fe (Hebreos 4:2).

Como Abel, ofrezco un sacrificio excelente
a Dios por mi fe (Hebreos 11:4).

Agrado a Dios, y Él me recompensa
porque tengo fe (Hebreos 11:6).

Mediante la fe obedezco y voy al lugar que
recibiré como herencia (Hebreos 11:8).

Mediante la fe moro en la tierra de
la promesa (Hebreos 11:9).

CAPÍTULO 2

LA ORACIÓN DEL JUSTO

La oración eficaz del justo puede [logra] mucho.
—Santiago 5:16

La condición del corazón es un aspecto importante de la oración contestada. Es la oración sincera hecha de corazón la que permite que el poder de Dios esté disponible. Santiago 5:16 dice que la oración ferviente que proviene del corazón sincero de una persona justa tiene un gran poder dinámico en su actuación. Santiago anima los creyentes mediante el ejemplo de Elías, que fue un hombre sujeto a las mismas pasiones que cualquier hombre, y sin embargo su oración cerró los cielos: "Elías era hombre sujeto a pasiones semejantes a las nuestras, y oró fervientemente para que no lloviese, y no llovió sobre la tierra por tres años y seis meses. Y otra vez oró, y el cielo dio lluvia, y la tierra produjo su fruto" (vv. 17–18).

Elías era conocido por su fervor. *Ferviente* significa tener o mostrar una gran emoción o celo, ardiente, extremadamente caliente o brillante. Muchos intentan separar la emoción de la oración, pero Dios responde a quienes son sinceros y ardientes. La implicación es que los justos orarán de esta forma. Se debe a que la justicia nos hace orar por justicia, igualdad y las cosas que son correctas.

Los justos tendrán pasión en la oración. Cuando abren su boca y comienzan a orar y hablan a las montañas de sus vidas, fluyen sabiduría, vida, verdad y justicia. Su entorno comienza a adquirir los atributos del Reino cuando ellos los declaran para que existan.

La justicia es el fundamento del Reino de Dios. Para que el Reino de Dios, la justicia, la paz y el gozo en el Espíritu Santo (Romanos 14:17), se manifiesten en su vida, debe usted ser justo. Su Reino viene y su voluntad se hace cuando el justo ora.

Los ojos del Señor y sus oídos están sobre los justos. Él escucha sus oraciones y las responde. Él recompensa a los justos y les salva de todos sus problemas. Dios quiere allanar las montañas del justo, quiere hacer caminos donde no los hay y ríos en el desierto para los justos. Él lo hará con usted como lo hizo con Daniel:

> En aquellos días yo Daniel estuve afligido por espacio de tres semanas. No comí manjar delicado, ni entró en mi boca carne ni vino, ni me ungí con ungüento, hasta que se cumplieron las tres semanas…Y he aquí una mano me tocó…Y me dijo: Daniel, varón muy amado, está atento a las palabras que te hablaré, y ponte en pie; porque a ti he sido enviado ahora…no temas; porque desde el primer día que dispusiste tu corazón a entender y a humillarte en la presencia de tu Dios, fueron oídas tus palabras; y a causa de tus palabras yo he venido.
>
> —DANIEL 10:2–3, 10–12

El Señor enviará refuerzos angélicos para ayudarle a permanecer y ser victorioso sobre las fuerzas malignas que intentan destruir la Palabra de Dios en su vida. Daniel oró con fervor y pasión, y su oración fue eficaz, ¡logró mucho! Un ángel del Señor se acercó hasta él, le fortaleció y le dio una palabra profética tan poderosa que aún sigue estando activa y se cumple en el Cuerpo de Cristo en la actualidad.

¿QUIÉNES SON LOS JUSTOS?

Los justos son aquellos que tienen una posición correcta delante de Dios. Gracias a Cristo, todos podemos ser rectos en la presencia de Dios y darle a conocer con valentía nuestras peticiones, si hemos aceptado su sacrificio. Los justos son valientes como el león.

Los justos son quienes tienen y ocupan el Reino de los cielos, o asientan su residencia en él. La Biblia dice que los justos brillan en el Reino de su Padre. La luz y la alegría brillan en su camino. Pueden tener muchas aflicciones, pero Dios les libra de todas ellas.

Los justos tienen la mente de Cristo. Sus pensamientos son rectos y puros. Tienen una mente sobria. No afirman o confían en su propia justicia, sino que viven bajo la justicia imputada de Cristo. Están abiertos a la corrección del Señor y de sus ministros. Reciben sabio consejo y lo aplican a sus vidas.

Los justos son inamovibles e incapaces de ser desarraigados de su posición en Dios. Su casa permanecerá. Sus hijos serán salvos, bendecidos y tendrán abundancia de comida. Florecerán y no serán derrocados por el enemigo. El desánimo, la duda o la depresión no les harán desviarse. Los justos están seguros de que Dios vendrá y le salvará.

Los justos son generosos y compasivos. Se preocupan por los pobres. Son personas activas en las áreas de la justicia; buscan la justicia. Caminan con integridad. Las riquezas y el honor les acompañan. Dan fruto, y su trabajo conduce a la vida.

Los justos dan la bienvenida a la sabiduría y las asociaciones piadosas. Saben quién está a su alrededor. Tienen cuidado de a quiénes permiten entrar en su círculo más íntimo. Las personas que participan en la maldad y la impiedad pueden obstaculizarle en su avance. Su asociación con ellos puede llevarle a un lugar de ineficacia en el espíritu. Sus palabras y oraciones no moverán montañas porque su asociación con ellos le ha desviado (Proverbios 12:26). A veces tendrá que decirles a sus amigos y socios en los negocios que se vayan.

Cuando se encuentre enfrentándose a un obstáculo en el espíritu, eche un vistazo a los amigos que le rodean. La Biblia dice: "No os unáis en yugo desigual con los incrédulos". Ellos incluso podrían ser la puerta abierta a alguno de los tercos demonios y fortalezas con los que usted lucha. Sea sabio. Que los consejos de los impíos estén lejos de usted (Job 22:18).

LOS JUSTOS Y EL PACTO DE DIOS

Usted pertenece a "los justos" y puede hacer suyos todos los beneficios de los justos al estar en pacto con Dios. Dios no bendice caprichosamente a las personas. Él no bendice a la gente por cualquier cosa, sino que bendice a aquellos con quienes tiene un pacto. Estar en pacto con Dios es un contrato o una promesa de su paz, seguridad, favor, protección, salud y prosperidad, y Dios no rompe sus promesas ni se olvida de su Palabra (Números 23:19; Isaías 55:11).

Pactar con Dios es una bendición mutua. Dios tiene un pueblo, y nosotros tenemos un Dios (Levítico 26:12). Nos convertimos en la justicia de Dios mediante Jesucristo (Romanos 3:22). Como hemos recibido el nuevo pacto mediante su sangre derramada en la cruz, su justicia se nos imputa o cuenta a nuestro favor. Nos convertimos en "los justos", pero si no permanecemos en Dios y nos entregamos totalmente a Él, entonces Él no tiene "un pueblo". Entonces no hay necesidad de pacto. No podemos ser de Dios si no caminamos conforme a su pacto. Él no puede contarnos como suyos y poner su nombre en nosotros. Podemos orar por paz en la tormenta y hablar a las montañas durante todo el año, pero sin Jesús, que es el Príncipe de paz y quien abre camino, la paz no llegará y las montañas no se apartarán.

Los justos poseen el Reino de Dios (Mateo 5:10) ¿Es usted justo? Esto es algo más que ser salvo. La justicia se trata de vivir continuamente de manera correcta delante de Dios. No se trata de perfección, sino de que su estilo de vida sea el de una persona justa. Una persona justa no vive un estilo de vida de pecado. El justo camina en un nivel de santidad e integridad. No es mentiroso, borracho y fornicario. No trata mal a la gente. Si usted es justo, entonces las palabras que pronuncie sobre su situación producirán algo. Harán que las cosas se alineen para usted en el Espíritu. Su pacto con Dios es eterno, y no caerá, porque Él le ha imputado su justicia mediante su Hijo Jesús.

Declaraciones de los justos

Entraré por la puerta del Señor (Salmo 118:20).

Soy librado de los problemas (Proverbios 11:8).

Mi raíz no será movida (Proverbios 12:3).

Elijo a mis amigos con cuidado y no
seré desviado (Proverbios 12:26).

La memoria de mi nombre será bendita,
porque soy justo (Proverbios 10:7).

Mi trabajo conduce a la vida (Proverbios 10:16).

Solo deseo el bien (Proverbios 11:23).

Mis pensamientos son correctos (Proverbios 12:5).

Mi casa permanecerá, y no seré
derrocado (Proverbios 12:7).

Tengo un refugio en la muerte y no
desapareceré (Proverbios 14:32).

Camino en integridad, y mis hijos
son benditos (Proverbios 20:7).

No codicio egoístamente. Doy y no
retengo (Proverbios 21:26).

Soy valiente como un león (Proverbios 28:1).

La transgresión no me atrapará. Canto
y me regocijo (Proverbios 29:6).

Considero la causa de los pobres (Proverbios 29:7).

Clamo, y el Señor me oye, y me libra de
todos mis males (Salmo 34:17).

Tengo misericordia y doy (Salmo 37:21).

Heredo la tierra y habito en ella
para siempre (Salmo 37:29).

Hablo sabiduría, y mi lengua habla
de la justicia (Salmo 37:30).

Las puertas están abiertas para mí y entro,
porque guardo la verdad (Isaías 26:2).

La justicia no me será retirada (Isaías 5:23).

No seré destruido con el malvado (Génesis 18:23).

Entraré en la vida eterna (Mateo 25:46).

Mis palabras son como plata escogida (Proverbios 10:20).

Mis palabras animan a muchos (Proverbios 10:21).

Mi esperanza será alegría (Proverbios 10:28).

Nunca seré apartado (Proverbios 10:30).

Mis palabras producen sabiduría (Proverbios 10:31).

Me libra el conocimiento (Proverbios 11:9).

Florezco como el follaje (Proverbios 11:28).

Mis raíces dan fruto (Proverbios 12:12).

La luz en mí se goza y no se apagará
(Proverbios 13:9).

Cuando me regocijo, hay una gran
gloria (Proverbios 28:12).

Veré la caída de los malos (Proverbios 29:16).

Me alegro y me gozo delante de Dios. Sí, me
alegro grandemente (Salmo 68:3).

Nunca seré conmovido. Me recordarán
eternamente (Salmo 112:6).

Doy gracias a tu nombre y habito en
tu presencia (Salmo 140:13).

Floreceré como una palmera. Creceré como
un cedro del Líbano (Salmo 92:12).

Como para satisfacer mi alma (Salmo 13:25).

Viviré y no pecaré, porque presto atención
a la advertencia (Ezequiel 3:21).

Hablo lo que es aceptable (Proverbios 10:32).

Mi fruto es un árbol de vida (Proverbios 11:30).

Soy recompensado aquí en la tierra (Proverbios 11:31).

En mi casa hay un gran tesoro (Proverbios 15:6).

El nombre del Señor es mi torre fuerte. Corro
a Él y estoy seguro (Proverbios 18:10).

Mi salvación proviene del Señor. Él es mi
fortaleza en la tribulación (Salmo 37:39).

Todo irá bien, porque comeré del
fruto de mi obra (Isaías 3:10).

Retendré mi camino y seré cada vez más fuerte
(Job 17:9).

Mis palabras son un pozo de vida (Proverbios 10:11).

Mis deseos serán concedidos (Proverbios 10:24).

Tengo un fundamento eterno (Proverbios 10:25).

Paso por tribulación y no seré atrapado
(Proverbios 12:13).

Pienso con cuidado antes de hablar (Proverbios 15:28).

Me alegraré en el Señor y confiaré en Él (Salmo 64:10).

Floreceré y viviré en abundancia de paz (Salmo 72:7).

Mi poder será exaltado (Salmo 75:10).

Mis hijos serán librados (Proverbios 11:21).

El cetro de maldad no estará en la tierra
que me fue asignada (Salmo 125:3).

No seré desamparado, ni mis hijos
mendigarán el pan (Salmo 37:25).

Brillaré como el sol en el Reino de mi Padre
(Mateo 13:43).

No ando según la carne sino según el Espíritu
(Romanos 8:4).

Los caminos del Señor son rectos, y
camino en ellos (Oseas 14:9).

Soy nacido de Dios, porque practico
la justicia (1 Juan 2:29).

Las riquezas y la honra están conmigo, riquezas
y justicia duraderas (Proverbios 8:18).

El Reino del cielo es mío, porque soy perseguido
por causa de la justicia (Mateo 5:10).

Transito por el camino de los justos, en medio
de los caminos de justicia (Proverbios 8:20).

El Señor me ama porque sigo la justicia
(Proverbios 15:9).

ORACIONES DE LOS JUSTOS

Señor, no permitas que mi alma padezca hambre,
y no eches de mí mi deseo (Proverbios 10:3).

Señor, deposito sobre ti mi carga, y tú me sostendrás.
No permitirás que sea movido (Salmo 55:22).

Señor, has discernido que soy justo y que te
sirvo. Hazme tu joya (Malaquías 3:17–18).

Señor, permite que sea hallado digno de
tu Reino (2 Tesalonicenses 1:5).

Señor, saca mi alma de la cárcel para que alabe tu nombre. Que los justos me rodeen, porque tratarás abundantemente conmigo (Salmo 142:7).

Señor, que me sea concedido ser vestido de lino fino, limpio y resplandeciente (Apocalipsis 19:8).

Señor, que el justo requisito de la ley se cumpla en mí (Romanos 8:4).

Que la maldad de los malvados termine, pero establece al justo, porque tú oh Dios, pruebas el corazón y la mente (Salmo 7:9).

Lejos esté de ti, oh Señor, matar a los justos con los malvados. Tú, el Juez de toda la tierra, harás lo correcto (Génesis 18:25).

Oye desde el cielo, oh Señor, y actúa, y juzga a tus siervos, condenando al malvado, trayendo sobre su cabeza su camino. Justifica a los justos según su justicia (1 Reyes 8:32).

Gracias, Señor, por la corona de justicia que me espera, porque me la darás en ese día, y no solo a mí, sino a todos los que hayan amado tu venida (2 Timoteo 4:8).

Que toda la sangre de los justos derramada sobre la tierra desde Abel hasta Zacarías recaiga sobre la cabeza de los escribas y fariseos (Mateo 23:35).

Que el justo me castigue; será un favor. Que me reprenda; será como buen aceite; que mi cabeza no lo rehúse. Porque aún mi oración es contra las obras de los malvados (Salmo 141:5).

Escúchame cuando clamo, oh Dios de mi justicia (Salmo 4:1).

Dios está con la generación de los justos. Mis enemigos tienen gran temor (Salmo 14:5).

Como practico la justicia, soy justo, así como Él es justo (1 Juan 3:7).

Que el Señor me recompense según mi justicia, y según la limpieza de mis manos me recompense (2 Samuel 22:21).

No permitas que confíe en mi propia justicia, menospreciando a otros (Lucas 18:9).

Tengo hambre y sed de justicia. Señor, lléname (Mateo 5:6).

Señor, permíteme andar en el camino de la bondad y mantenerme en los caminos de justicia (Proverbios 2:20).

No me permitas encontrar deleite en la maldad, lo cual no me beneficia en nada, sino que la justicia me libre de la muerte (Proverbios 10:2).

Que las bendiciones estén sobre mi cabeza (Proverbios 10:6).

Que la justicia guarde mi camino para que
sea hallado inocente (Proverbios 13:6).

Que sea premiado con el bien (Proverbios 13:21).

Que no sea reprochado por el pecado sino
exaltado en justicia (Proverbios 14:34).

Que mis caminos no sean una abominación
para el Señor (Proverbios 15:9).

Señor, no estés lejos de mí. Oye mi
oración (Proverbios 15:29).

Los ojos del Señor están sobre mí, y sus oídos
están abiertos a mi clamor (Salmo 34:15).

Muchas son mis aflicciones, pero Señor, tú
me libras de todas ellas (Salmo 34:19).

Que la luz y la alegría se siembren para mí
(Salmo 97:11).

CAPÍTULO 3

LA ORACIÓN PERSISTENTE

Sigue pidiendo y recibirás lo que pides; sigue buscando y encontrarás; sigue llamando, y la puerta se te abrirá.

—MATEO 7:7, NTV

A VECES UNA VEZ no es suficiente, y una oración no lo ha dicho todo o ha prosperado. Oramos una y otra vez hasta ver que las líneas del espíritu se empiezan a alinear a nuestro favor. A esto se le llama la oración persistente. La persistencia es otro aspecto de la oración contestada. Persistencia significa no abandonar. La persistencia demuestra un deseo ferviente de recibir una respuesta. Esto revela de nuevo la condición del corazón. Las personas que no son persistentes carecen de la intensidad que debería estar en el corazón de los justos.

El diccionario *Webster's* define *persistir* de esta manera:

1. Continuar con resolución o terquedad a pesar de la oposición, inoportunidad o advertencia

2. Permanecer sin cambio o fijado en un carácter, condición o posición específicos

3. Ser insistente en la repetición o presión de una declaración (como una pregunta o una opinión)

4. Continuar existiendo especialmente después de un tiempo usual, esperado o normal[1]

Entre los sinónimos de *persistir* se incluyen: permanecer, durar, perdurar, mantenerse, subsistir, eternizar, resistir, aguantar, perseverar, proseguir, continuar, empeñarse, insistir, obstinarse y prevalecer.[2] La persistencia revela un deseo ferviente de recibir. Ferviente significa mostrar una profunda sinceridad o seriedad, ser determinado. Una determinación piadosa será la fuerza que lleve a las personas a orar sin cesar y mantenerse firmes hasta que llegue la respuesta.

¿Se parece esto a su vida de oración? Conozco a muchos creyentes que se cansan en la oración. Oran un rato y se desaniman porque no llegó la respuesta. El enemigo nunca cesa de hacer guerra contra los santos. Nunca abandonará porque su tiempo es corto. Nunca debe usted dejar de orar.

La definición de *persistir* también refleja atributos piadosos. Dios persiste y continúa con nosotros en nuestra humanidad. Jesús nunca deja de interceder por nosotros (Isaías 53:12; Romanos 8:34). Dios es fiel. Permanece con nosotros. Nos acompaña. Cuando hacemos oraciones persistentes, estamos orando en el carácter de Dios.

LA ORACIÓN CONTINUADA

Persistir también significa continuar después de un tiempo usual o esperado. En la Biblia hay muchas referencias a la oración continuada. Esta también es una oración de persistencia, de no abandonar. Ana es un ejemplo de alguien que siguió orando hasta el punto en que el sacerdote Elí pensó que estaba ebria (1 Samuel 1:12–13). Ana persistió hasta que he recibido una respuesta: su hijo Samuel. En Hechos 1 y 2 y a través de la formación de la Iglesia primitiva, la frase "perseveraban en oración" se usa para describir a los apóstoles, que pusieron el mundo boca abajo con el evangelio.

Las personas que acudían a Jesús y continuaban con Él durante días, llevándole sus peticiones, eran bendecidas, sanadas, liberadas y libertadas. Jesús tuvo compasión de las multitudes que habían "permanecido" con Él durante tres días sin comida:

> Y Jesús, llamando a sus discípulos, dijo: Tengo compasión de la gente, porque ya hace tres días que están conmigo, y no tienen qué comer; y enviarlos en ayunas no quiero, no sea que desmayen en el camino.
>
> —MATEO 15:32

Jesús se conmovió tanto por el hambre de comida espiritual que mostraban las personas que proveyó milagrosamente comida física para sus cuerpos. Ellos buscaban las cosas del Reino, y Jesús añadió el "todas estas cosas". Su persistencia a la hora de buscar al Salvador les dio las cosas físicas que necesitaban, cuando ni tan siquiera estaban orando por comida.

En los versículos anteriores a este milagro creativo, una mujer gentil se acercó a Jesús rogándole que liberase a su hija de un demonio. Jesús no le respondió de inmediato, pero ella insistió, incluso a pesar de la aparente ordinariez de Jesús. Ella fue incluso más allá con su petición y se postró en adoración ante Él. No iba a tirar la toalla. Estaba dispuesta a tomar incluso las migajas de su mesa. Estaba dispuesta, como la mujer que tenía flujo de sangre, a obtener tan solo un trocito de la virtud sanadora de Él. Sabía que había poder milagroso incluso en las sobras de la presencia de Jesús. A Jesús le impresionó su fe:

> Oh mujer, grande es tu fe; hágase contigo como quieres. Y su hija fue sanada desde aquella hora.
>
> —MATEO 15:28

Otro ejemplo de persistencia se encuentra en Lucas 18:35–40:

> Aconteció que acercándose Jesús a Jericó, un ciego estaba sentado junto al camino mendigando; y al oír a la multitud que pasaba, preguntó qué era aquello. Y le dijeron que pasaba Jesús nazareno. Entonces dio voces, diciendo: ¡Jesús, Hijo de David, ten misericordia de mí! Y los que iban delante le reprendían para que callase; pero él clamaba mucho más: ¡Hijo de David, ten misericordia de mí! Jesús entonces, deteniéndose, mandó traerle a su presencia.

La gente le dijo a este hombre que se callara, que no molestase a Jesús, pero este hombre estaba desesperado. Fue insistente para que le oyeran a fin de que Jesús pudiera ministrarle. Su persistencia dio como resultado que su vista fuese restaurada.

Santiago 5:11 dice: "Honramos en gran manera a quienes resisten con firmeza [continúan, prosiguen, persisten] en tiempo de dolor. Por ejemplo, han oído hablar de Job, un hombre de gran perseverancia. Pueden ver cómo al final el Señor fue bueno con él, porque el Señor está lleno de ternura y misericordia" (NTV).

Algunos creyentes piensan que no deberíamos tener que rogar a Dios para que hiciera algo por nosotros. Muchos dicen: "Si es su voluntad, Él lo hará. Tan solo debemos creer". Puede que sea cierto en algunas ocasiones, pero las personas en la Biblia que quisieron un toque de Jesús hicieron todo mal según la manera en que las personas de la iglesia pensaban que se tenían que hacer las cosas. Eran ruidosos, estaban desesperados, fueron inapropiados, clamaron, se postraron, se pusieron en vergüenza ellos mismos y a otros, rogaron. Ellos tenían montañas que se tenían que mover, y no les importó lo que hubiera en su camino hasta llegar a Jesús. Simplemente sabían que Él era quien tenía la respuesta, y no dejaron de pedir y de clamar a Él hasta que consiguieron lo que buscaban.

LA ORACIÓN TENAZ

Quienes han sido creyentes por años conocen este tipo de persistencia en oración como la oración tenaz. Smith Wigglesworth dice:

No debiéramos parar hasta que oremos tenazmente y recibamos nuestras peticiones de parte de Dios. Deberíamos permanecer con Dios hasta tener una confirmación. Elías oró por lluvia y envió a su siervo siete veces hasta que obtuvo la confirmación, la cual fue una nube del tamaño de una mano. Después Elías se levantó y fue a decirle a Acab que ya llegaba la lluvia (1 Reyes 18:42–44).

Pablo oró tres veces por algo concreto hasta que Dios le respondió (2 Corintios 12:8). Dios le escuchó la primera vez, pero Pablo no recibió la respuesta hasta que oró tres veces.

Debemos proseguir o clamar ante el trono hasta que recibamos confirmación por el poder del Espíritu Santo. Dios cumplirá lo que promete.[3]

Algunas de las montañas en su vida son tan tercas que es necesario que usted insista, que ore hasta que ocurra algo. No se desanime. Insista. Prosiga. Aguante. Resista. Persista. El Señor escucha sus oraciones. No deje de orar, porque su respuesta está cerca. Hacer oraciones coherentes y fervientes es parte de la vida de un creyente que está haciendo algo bien. Continúe en su posición de oración a pesar de toda la aparente oposición. El enemigo solamente pisa los talones a quienes reconocen su fortaleza y potencial en Dios. Nunca deje de orar por ese ser querido inconverso, ese trabajo, su economía, su salud, su matrimonio, su iglesia, su ministerio...Sea lo que sea, Dios sigue con usted. Él tiene compasión de quienes continúan con Él.

ORACIONES FERVIENTES, PERSISTENTES

Sigo ferviente en oración, estando vigilante en ello con acción de gracias (Colosenses 4:2).

Te ruego fervientemente, oh Dios, que no me envíes fuera (Marcos 5:10).

Fervientemente te busco, Dios, y elevo mi súplica a ti, el Todopoderoso (Job 8:5).

Deseo fervientemente los mejores dones (1 Corintios 12:31).

Deseo fervientemente profetizar y hablar libremente en lenguas (1 Corintios 14:39).

Busco fervientemente el bien; por tanto, encontraré favor (Proverbios 11:27).

Busco a Dios fervientemente (Salmo 78:34).

Gimo, deseando fervientemente ser revestido de la habitación del cielo (2 Corintios 5:2).

Como un siervo que desea fervientemente la sombra, yo también busco fervientemente alivio de mis problemas (Job 7:2).

Señor, no regreses a tu lugar. Reconozco mi ofensa y busco tu rostro. En mi aflicción te busco fervientemente (Oseas 5:15).

Obedezco fervientemente tus mandamientos,
Señor, de amarte y servirte con todo mi
corazón y mi alma (Deuteronomio 11:13).

Contiendo fervientemente por la fe que fue
una vez dada a los santos (Judas 3).

Como Elías, oraré fervientemente,
y la lluvia se someterá a mis oraciones
(Santiago 5:17).

Señor, te oigo exhortar fervientemente a mis padres
a obedecer tu voz. Yo obedeceré (Jeremías 11:7).

Señor, oro que así como te acordaste fervientemente de
Efraín, te acuerdes fervientemente de mí. Que tu corazón
me anhele y tenga misericordia de mí (Jeremías 31:20).

Como hiciste con Tito, pon en mi corazón
la misma solicitud (2 Corintios 8:16).

Debo atender con más fervor lo que he
oído, para no desviarme (Hebreos 2:1).

Que los hijos de Dios sean revelados para satisfacer la
ferviente expectación de la creación (Romanos 9:19).

Como Jesús, estoy en agonía. Oraré más
fervientemente (Lucas 22:44).

Señor Jesús, te ruego fervientemente que
vengas e impongas tus manos sobre mi hijo
para que sea sanado y viva (Marcos 5:23).

Según la ferviente expectativa y esperanza de que no seré avergonzado en nada, sino con valentía, como siempre, ahora también Cristo será magnificado en mi cuerpo, ya sea por vida o por muerte (Filipenses 1:20).

ORACIONES QUE CONTINÚAN

Señor, que mi continuo acudir a tu presencia haga que me vengues (Lucas 18:5).

Señor, soy de los que han continuado contigo en sus pruebas (Lucas 22:28).

Que el amor fraternal continúe en mi vida (Hebreos 13:1).

Señor, como existes para siempre, tienes un sacerdocio que no cambia (Hebreos 7:24).

Como Ana, continuaré orando ante el Señor (1 Samuel 1:12).

Comenzaré a prosperar y continuaré prosperando hasta que sea muy próspero (Génesis 26:13).

Me daré de continuo a la oración y al ministerio de la palabra (Hechos 6:4).

Me gozaré en la esperanza, seré paciente en la tribulación y continuaré firme en la oración (Romanos 12:12).

Estoy continuamente en el templo alabando y bendiciendo a Dios (Lucas 24:53).

Señor, mis sacrificios y ofrendas están continuamente
ante ti. Gracias Señor, porque no me reprendes
(Salmo 50:8).

Esperaré continuamente y te alabaré
aún más y más (Salmo 71:14).

Tú estás continuamente conmigo, Señor.
Me sostienes con tu diestra (Salmo 73:23).

Guardaré continuamente tu ley, para siempre
(Salmo 119:44).

Como Daniel, continuaré orando y sirviéndote
(Daniel 1:21).

Continuaré en fe, amor y santidad, con
domino propio (1 Timoteo 2:15).

Prestaré atención a mí mismo y a la doctrina. Continuaré
en estas cosas para ser salvo (1 Timoteo 4:16).

Con la asamblea continuaré adorando y cantando
hasta que se acaben las ofrendas (2 Crónicas 29:28).

Esperaré en Dios continuamente. Regresaré y
observaré la misericordia y la justicia (Oseas 12:6).

Continuaré en todas las cosas que he aprendido y estoy
firme, sabiendo de quién las he aprendido (2 Timoteo 3:14).

Continuaré en un mismo sentir en
oración y ruego (Hechos 1:14)

Continuaré firme en la doctrina y comunión
de los apóstoles, en el partimiento del
pan y las oraciones (Hechos 2:42).

Con propósito de corazón continuaré
con el Señor (Hechos 11:23).

Como Pedro, continuaré llamando hasta
que se abra la puerta (Hechos 12:16).

Que la verdad del evangelio continúe
conmigo (Gálatas 2:5).

Que las aguas se aparten continuamente
de mí y decrezcan (Génesis 8:3).

Continuaré en mi trabajo en la muralla (Nehemías 5:16).

La vida eterna es para mí, porque al continuar
pacientemente haciendo el bien, busco gloria,
honor e inmortalidad (Romanos 2:7).

Señor, ten compasión de mí como hiciste con
las multitudes que continuaron contigo y no
tenían nada para comer (Marcos 8:2).

Permaneceré y continuaré en el proceso
y gozo de fe (Filipenses 1:25).

Bendeciré al Señor en todo tiempo; su alabanza
estará continuamente en mi boca (Salmo 34:1).

Continúa, oh Dios, tu bondad con los que te conocen,
y tu justicia con los rectos de corazón (Salmo 36:10).

Sostenme, y estaré a salvo, y cumpliré tus
estatutos continuamente (Salmo 119:117).

Seré bendecido en lo que hago, porque miro la ley
perfecta de la libertad y continúo en ella. No soy un oidor
olvidadizo sino un hacedor de la obra (Santiago 1:25).

Soy como una viuda, sola, pero confío en
Dios y continúo en súplicas y oraciones tanto
de noche como de día (1 Timoteo 5:5).

Señor, continuaré en tu pacto conmigo.
No me olvides como hiciste con los hijos de
Israel a quienes sacaste con tu mano extendida
de la tierra de Egipto (Hebreos 8:9).

Continuaré ofreciendo sacrificio de alabanza a Dios y el
fruto de mis labios, dándole alabanza a su nombre
(Hebreos 13:15).

CAPÍTULO 4

LA ORACIÓN DE UN CORAZÓN CONTRITO

Cercano está Jehová a los quebrantados de
corazón; Y salva a los contritos de espíritu.

—SALMO 34:18

UN ESPÍRITU QUEBRANTADO y un corazón contrito reve-
lan arrepentimiento y lamento piadoso. Esto de nuevo
revela la condición del corazón. Contrito significa arrepentido, dolido y apenado. Dios no menosprecia a los contritos y
quebrantados; a ellos muestra su compasión. La misericordia
de Dios se muestra por el de corazón contrito. Hay muchas
oraciones en la Biblia pidiendo la misericordia de Dios. Dios
responde al clamor de quienes se quebrantan y piden misericordia. La sanidad, la liberación y la restauración son todas el
resultado de la misericordia de Dios. Orar por misericordia
es una manera poderosa de conseguir el cambio. La persona
que pide misericordia queda totalmente dependiente de Dios.

Porque así dijo el Alto y Sublime, el que habita la
eternidad, y cuyo nombre es el Santo: Yo habito

en la altura y la santidad, y con el quebrantado y humilde de espíritu, para hacer vivir el espíritu de los humildes, y para vivificar el corazón de los quebrantados.

—Isaías 57:15

El Señor habita con los que tienen un corazón contrito o arrepentido. Él escucha sus oraciones y les concede gracia porque están afligidos y son humildes.

En contra de un espíritu orgulloso: Leviatán, el rey del orgullo

¿Sacarás tú al leviatán con anzuelo, o con cuerda que le eches en su lengua?...La gloria de su vestido son escudos fuertes, cerrados entre sí estrechamente. El uno se junta con el otro, que viento no entra entre ellos...Menosprecia toda cosa alta; es rey sobre todos los soberbios.

—Job 41:1, 15–16, 34

Leviatán es la personificación del espíritu de orgullo. El orgullo es lo contrario a un corazón contrito, humilde y quebrantado en el que Dios habita. Dios resiste el orgullo y da su espalda a quienes le han dado al orgullo un lugar de autoridad en sus vidas. Aquellos que están en el ministerio de liberación estarán familiarizados con Leviatán, el espíritu de orgullo. Quizá le sorprenda encontrar espíritus que se identifican a ellos mismos como Leviatán. Voy a desglosar el carácter de este espíritu para que pueda obtener la victoria sobre él. Quizá esta sea su montaña, o la razón por la que una montaña en su vida no se ha movido.

Las escamas de Leviatán son su orgullo. No corre el aire entre ellas. El *aire* representa el *espíritu*, y una de las manifestaciones del orgullo es la incapacidad de fluir en el Espíritu.

Leviatán intentará bloquear el fluir y las manifestaciones del Espíritu Santo en la asamblea. Las personas orgullosas pueden obstaculizar el fluir del Espíritu. La humildad es una clave para operar en el poder del Espíritu Santo. Usted necesita el poder del Espíritu Santo para poder atravesar los problemas de tamaño montaña de la vida.

Leviatán se protege con una armadura. Las personas orgullosas tienen una manera de cerrarse y meterse detrás de las escamas del orgullo. Cuando atacamos a Leviatán, atacamos sus escamas y le despojamos de ellas.

> ¿Multiplicará él ruegos para contigo? ¿Te hablará él lisonjas?
>
> —Job 41:3

Rogar es orar, y Leviatán no ruega porque es demasiado orgulloso. Por tanto, Leviatán intentará bloquear la oración y atacar a los ministros de oración. También hemos tratado con personas a quienes les entra sueño cuando oran, y hemos descubierto que también esto puede estar relacionado con Leviatán. Por eso debemos romper el espíritu de orgullo cuando nos enfrentamos a situaciones difíciles en la vida. Si no es usted capaz de ser persistente en sus oraciones o no tiene deseo de orar, no conseguirá avanzar.

Leviatán no habla con palabras suaves. Las palabras duras son otra señal de Leviatán. Él habla con rudeza y no con amabilidad.

> ¿Hará pacto contigo para que lo tomes por siervo perpetuo?
>
> —JOB 41:4

Leviatán no guarda el pacto. Leviatán es un espíritu que rompe el pacto. Muchos matrimonios han sufrido por la actuación de Leviatán. Un matrimonio no sobrevivirá si las partes se comportan con orgullo y falta de sumisión el uno al otro. Si está sufriendo problemas imposibles en su matrimonio, puede que el orgullo sea la razón. El pacto es también la forma clave mediante la cual los creyentes reciben la bendición y la paz de Dios en sus vidas. Sin el pacto con Dios, no hay paz, prosperidad, protección y sanidad.

A Leviatán no le gusta servir. El orgullo nos impedirá servirnos unos a otros. El servicio es un acto de humildad, y Leviatán lo odia.

> ¿Jugarás con él como con pájaro, o lo atarás para tus niñas?
>
> —JOB 41:5

No juegue con el orgullo. No es una mascota.

> Pon tu mano sobre él; Te acordarás de la batalla, y nunca más volverás
>
> —JOB 41:8

La batalla con el orgullo puede ser una de las más difíciles que afronte. El orgullo es muy fuerte en las vidas de muchos, y se necesitará una determinación fuerte y persistencia para derrotarle.

> En su cerviz está la fuerza...
>
> —JOB 41:22

Leviatán es arrogante. La terquedad y la rebeldía son señales de Leviatán. A Israel siempre se le llamó un pueblo obstinado. Dios le juzgó por su terquedad y rebeldía.

> Su corazón es firme como una piedra, y fuerte como la muela de abajo.
>
> —JOB 41:24

La dureza de corazón es otra característica de Leviatán. Es también una causa raíz del divorcio. (Véase Mateo 19:8). La dureza de corazón está relacionada con la incredulidad y la incapacidad para entender y comprender las cosas espirituales.

> Hace hervir como una olla el mar profundo, y lo vuelve como una olla de ungüento.
>
> —JOB 41:31

Leviatán habita en lo profundo. El orgullo puede estar profundamente arraigado en nuestras vidas, y puede resultar muy difícil deshacernos de él. Está en el mar, que representa las naciones. Hace hervir el mar profundo y es responsable de la inquietud.

Magullaste las cabezas del leviatán, y lo diste por comida a los moradores del desierto.

—Salmo 74:14

Dios tiene el poder para aplastar y romper la cabeza (autoridad) de Leviatán. Dios es nuestro Rey que nos da la salvación (liberación) en la tierra.

Afligí con ayuno mi alma…

—Salmo 35:13

El ayuno es un gran arma contra el orgullo. Cuando ayunamos, humillamos nuestra alma. Hablaremos más acerca del poder de combinar la oración y el ayuno en el último capítulo.

Liberarnos de Leviatán produce paz, favor, gozo y libertad. El faraón era un leviatán. Dios liberó a su pueblo de la mano de faraón mediante unos juicios terribles. El pueblo salió de Egipto y viajó hasta la Tierra Prometida, una tierra donde fluía leche y miel. La prosperidad llegará tras la liberación de Leviatán.

Los espíritus de orgullo incluyen: arrogancia, altivez, engreimiento, autoexaltación, vanidad, rebeldía, terquedad, menosprecio, desafío, rebeldía, ego, perfección, Rahab y Orión.

El orgullo produce destrucción. El orgullo produce una maldición y hace que una persona se desvíe (Salmo 119:21). Dios resiste al orgulloso (Santiago 4:6). El temor del Señor es odiar el orgullo y la arrogancia (Proverbios 8:13).

Dios intenta esconder el orgullo del hombre mediante sueños (Job 33:14–17). A veces la enfermedad es el resultado del orgullo (vv. 17–26). Dios puede humillar a los que caminan en orgullo (Daniel 4:37).

LIBERACIÓN MEDIANTE EL ARREPENTIMIENTO

El orgullo causa rebeldía y falta de arrepentimiento. El arrepentimiento demuestra humildad y una apertura a que se haga la voluntad de Dios. Demuestra que nos hemos dado cuenta de su soberanía divina y sabiduría. El arrepentimiento es también una señal de haber recibido el propósito y el beneficio de la muerte de Cristo. Cuando nos arrepentimos, aceptamos la justicia de Cristo.

A veces, las montañas de la vida están en medio de su camino debido a algún pecado del que no se ha arrepentido. Puede tener toda la fe que quiera, adorar y buscar a Dios, pero si no se arrepiente y se aleja de los hábitos de pecado en su vida, podría hacer aún más duro su camino (Proverbios 13:15). La buena noticia es que si confiesa su pecado, Dios es fiel y justo para perdonar su pecado y limpiarle de toda maldad (1 Juan 1:9).

Ser capaz de hablar a una montaña y hacer que se mueva significa que usted está bien delante de Dios. La Biblia dice que las oraciones del justo pueden mucho (Santiago 5:16). Cuando su estado es correcto y usted se humilla delante de Dios, creyendo en fe que Él le ha escuchado, puede estar seguro de que obtendrá aquello por lo que ha orado.

ORACIONES POR MISERICORDIA

Respóndeme cuando clamo, oh Dios de mi justicia. Cuando estaba en angustia, tú me hiciste ensanchar; ten misericordia de mí, y oye mi oración (Salmo 4:1).

Ten misericordia de mí, oh Jehová, porque estoy enfermo; sáname, oh Jehová, porque mis huesos se estremecen (Salmo 6:2).

Ten misericordia de mí, Jehová; mira mi aflicción que padezco a causa de los que me aborrecen, tú que me levantas de las puertas de la muerte (Salmo 9:13).

Oye, oh Jehová, mi voz con que a ti clamo; ten misericordia de mí, y respóndeme (Salmo 27:7).

Oye, oh Jehová, y ten misericordia de mí; Jehová, sé tú mi ayudador (Salmo 30:10).

Ten misericordia de mí, oh Jehová, porque estoy en angustia; se han consumido de tristeza mis ojos, mi alma también y mi cuerpo (Salmo 31:9).

Ten piedad de mí, oh Dios, conforme a tu misericordia; conforme a la multitud de tus piedades borra mis rebeliones (Salmo 51:1).

He aquí, como los ojos de los siervos miran a la mano de sus señores, y como los ojos de las siervas a la mano de su señora, así mis ojos miran a Jehová nuestro Dios, hasta que tenga misericordia de mí (Salmo 123:2).

Jesús, Maestro, ten misericordia de mí (Lucas 17:13).

Jesús, Hijo de David, ten misericordia de mí
(Lucas 18:38).

No me detendré, sino clamaré a ti mucho más: Hijo
de David, ten misericordia de mí (Lucas 18:39).

ORACIONES DE ARREPENTIMIENTO

Señor, me arrepiento en polvo y ceniza (Job 42:6).

Me arrepentiré para no perecer (Lucas 13:3).

Me arrepiento de mi maldad y oro para que sea
perdonado el pensamiento de mi corazón (Hechos 8:22).

No toleraré el espíritu de Jezabel en mi vida. No
sufriré angustia por su adulterio. Me arrepentiré y
me aferraré a lo que tengo (Apocalipsis 2:20–25).

Gracias, Señor, que mis pecados han sido borrados y
tiempos de refrigerio vienen de tu presencia, porque
me he arrepentido y convertido (Hechos 3:19).

Señor, me arrepiento. No apartes mi
lámpara de su lugar (Apocalipsis 2:5).

Recibo el don del Espíritu Santo, porque me he
arrepentido y he sido bautizado (Hechos 2:38).

Señor, me arrepiento, porque tu Reino
se ha acercado (Mateo 3:2).

Señor, me arrepiento, para que tus poderosas obras se hagan en mí (Mateo 11:20).

Seré celoso y me arrepentiré porque me amas y me castigas (Apocalipsis 3:19).

Acudiré a Dios y haré las obras dignas de arrepentimiento (Hechos 26:20).

Me arrepiento ahora, porque no pasarás por alto mi ignorancia (Hechos 17:30).

El asirio no será mi rey, porque voluntariamente me arrepiento (Oseas 11:5).

Me arrepiento y creo en el evangelio (Marcos 1:1).

Me arrepiento ahora de mi camino perverso y mis malas acciones a fin de habitar en la tierra que el Señor me ha dado a mí y a mis padres para siempre (Jeremías 25:5).

Me arrepiento, Señor, y me vuelvo de mis ídolos y de todas mis abominaciones (Ezequiel 14:6).

No me juzgues, oh Señor. Me arrepiento y me vuelvo de todas mis transgresiones para que la iniquidad no sea mi ruina (Ezequiel 18:30).

Me arrepiento y hago súplicas a ti, Señor, diciendo: "He pecado y he actuado mal. He cometido maldad" (1 Reyes 8:47).

Me acuerdo de lo que he recibido y oído. Lo guardo, me arrepiento y me mantendré vigilante (Apocalipsis 3:3).

Que el arrepentimiento y la remisión
de pecado se prediquen en su nombre a
todas las naciones (Lucas 24:47).

Me arrepiento ante Dios y permanezco fiel
hacia mi Señor Jesucristo (Hechos 20:21).

La tristeza que proviene de Dios produce arrepentimiento
que lleva la salvación. No lo lamentaré (2 Corintios 7:10).

El Señor le da arrepentimiento a Israel y
perdón de pecados (Hechos 5:31).

Me levantaré a mi Padre, y le diré: "Padre, he
pecado contra el cielo y contra ti" (Lucas 15:18).

ORACIONES Y DECLARACIONES
DEL HUMILDE

Señor, soy humilde. Guíame en justicia y
enséñame tus caminos (Salmo 25:9).

Me humillaré delante del Señor, y Él
me levantará (Santiago 4:10).

No permitiré que el orgullo entre mi corazón
y me avergüence. Me humillaré y me
vestiré de sabiduría (Proverbios 11:2).

Señor, tú te deleitas en mí. Me hermoseas con
salvación porque soy humilde (Salmo 149:4).

Señor, tu observarás al orgulloso, y
le humillarás (Job 40:11).

Señor, tú me salvarás (Salmo 18:27).

Retendré el honor (Proverbios 29:23).

Es mejor humillar el espíritu con los humildes que repartir el botín con los orgullosos (Proverbios 16:19).

Me humillaré bajo la mano poderosa de Dios para que Él me exalte a su debido tiempo (1 Pedro 5:6).

Mi alma se enorgullecerá en el Señor. El humilde lo oirá y se alegrará (Salmo 84:2).

Veré lo que Dios ha hecho y me alegraré. Como busco a Dios, mi corazón vivirá (Salmo 69:32).

No seré como Amón, sino que me humillaré ante el Señor y no seguiré pecando (2 Crónicas 33:23).

Me quitaré el turbante y mi corona y nada será igual. Exaltaré al humilde y humillaré al exaltado (Ezequiel 21:26).

Estoy entre los mansos y humildes, y ellos confiarán en el nombre del Señor (Sofonías 3:12).

Aumentaré mi gozo en el Señor. Me regocijaré en el Santo de Israel (Isaías 29:19).

Como Daniel, no temeré, porque sé que desde el primer día que aparté mi corazón para entender tus caminos y humillarme ante ti, tú escuchaste mis oraciones y acudiste a mí (Daniel 10:12).

Señor, humíllame y pruébame para que al
final haga el bien (Deuteronomio 8:16).

Proclamo aquí mismo un ayuno para humillarme
ante mi Dios, para buscar de Él el camino correcto
para mí y para mis hijos y todas mis posesiones
(Esdras 8:21).

Mi Dios me humillará entre su pueblo y yo
lloraré por todos los que han pecado antes y no
se han arrepentido de la impiedad, fornicación y
lascivia que han practicado (2 Corintios 12:21).

Señor, tú dijiste que si me humillo, oro y busco
tu rostro, y me aparto de mis malos caminos,
entonces tú escucharás desde los cielos y perdonarás
mis pecados y sanarás mi tierra. Señor, haré
lo que has ordenado (2 Crónicas 7:14).

Señor, habitarás con el que tiene un espíritu
contrito y humillado. Revivirás el espíritu
de los humildes y el corazón de los contritos.
Permíteme ser como ellos (Isaías 57:15).

Recordaré que el Señor mi Dios me guió por el camino,
incluso en el desierto, para humillarme y probarme,
para saber lo que había en mi corazón, y comprobar si
guardaría o no sus mandamientos (Deuteronomio 8:2).

Dios, tu das más gracia. Resistes al orgulloso
pero das gracia al humilde
(Santiago 4:6).

Permíteme ser como Moisés, que era humilde,
más que todos los hombres que hubo sobre
la faz de la tierra (Números 12:3).

Señor, no te olvides del clamor de
los humildes (Salmo 9:12).

Levántate, oh Señor. Oh Dios, alza tu mano. No
te olvides de los humildes (Salmo 10:12).

No pondré mi mente en las cosas altas, sino que
me asociaré con los humildes. No seré sabio
en mi propia opinión (Romanos 12:16).

No pervertiré el camino de los humildes
(Amós 2:7).

Señor, tú has escuchado el deseo de los
humildes; prepararás su corazón; tu oído
prestará atención (Salmo 10:17).

Me someteré a mis ancianos.
Me vestiré de humildad, y Dios me
dará gracia (1 Pedro 5:5).

Junto a la humildad y el temor del Señor están las
riquezas, el honor y la vida (Proverbios 22:4).

No hablaré mal de nadie. Seré pacífico y amable,
mostrando humildad a todos los hombres (Tito 3:2).

Corregiré en humildad a los que se oponen, y
quizá Dios les dará arrepentimiento para que
conozcan la verdad (2 Timoteo 2:25).

El temor del Señor es la instrucción de la sabiduría,
y antes del honor está la humildad (Proverbios 15:33).

Antes de la destrucción del corazón de un
hombre está la altivez, y antes del honor
viene la humildad (Proverbios 18:12).

Como elegido de Dios, santo y amado, me vestiré
de misericordia, amabilidad, humildad, benignidad,
mansedumbre y paciencia (Colosenses 3:12).

Buscaré al Señor. Buscaré la justicia y la
humildad para encontrar refugio en el día
de la ira del Señor (Sofonías 2:3).

Recibo el yugo de Cristo, aprendiendo de Él, porque
Él es manso y humilde de corazón (Mateo 11:29).

Haré lo que el Señor me pide: haré
justicia, amaré la misericordia y caminaré
humildemente con mi Dios (Miqueas 6:8).

Deseo ser como Cristo, que se humilló a sí mismo
y se hizo obediente hasta la muerte,
y muerte de cruz (Filipenses 2:8).

Señor, me he humillado; por favor, no traigas
calamidad sobre mí (1 Reyes 21:29).

Por la humildad y el temor del Señor obtengo
riquezas, honor y vida (Proverbios 22:4).

El Señor atiende al humilde (Salmo 138:6).

Me humillaré como un niño (Mateo 18:4).

ORACIONES QUE DESTROZAN EL ESPÍRITU ORGULLOSO

Que el Señor arruine el orgullo de Judá y el gran orgullo de Jerusalén (Jeremías 13:9).

Rompo el orgullo de Moab. Ya no estará orgulloso de su altivez, orgullo e ira. Las mentiras que proclama no sucederán (Isaías 16:6).

Gracias, Señor, que me apartas de mis obras y ocultas mi orgullo de mí para librar mi alma del hoyo y mi vida de morir a espada (Job 33:17).

Señor, rompo el espíritu de orgullo. Por favor, respóndeme cuando clamo (Job 35:12).

Reprendo a la vergüenza que viene por un espíritu de orgullo (Proverbios 11:2).

Vengo en contra de la disputa que llega con el espíritu de orgullo (Proverbios 13:10).

Rompo el espíritu de orgullo, para no caer y ser destruido (Proverbios 16:18).

Rompo el espíritu de orgullo. No me abatirá. Tendré un espíritu humilde (Proverbios 29:23).

El orgullo no me servirá de collar, ni la violencia será mi vestido (Salmo 73:6).

No me envaneceré de orgullo ni caeré en la misma condenación que el diablo (1 Timoteo 3:6).

Rompo con el orgullo en mi vida en el nombre
de Jesús. No tropezaré en mi iniquidad
como Israel, Efraín y Judá (Oseas 5:5).

El espíritu de orgullo no reinará sobre mí.
No estaré desolado en el día de la reprensión
(Oseas 5:9).

El espíritu de orgullo no provocará
que sea esparcido (Lucas 1:51).

El Señor está por encima del espíritu
del orgulloso (Éxodo 18:11).

Escucha y presta atención, espíritu de orgullo.
El Señor ha hablado (Jeremías 13:15).

El espíritu orgulloso de Efraín y los habitantes
de Samaria no hablará (Isaías 9:9).

Ordeno al espíritu de orgullo que detenga su
persecución de los pobres. Que ese espíritu caiga en
las maquinaciones que ha planeado (Salmo 10:2).

Que el pie del orgulloso no venga contra mí, y que
la mano del malvado no me aparte (Salmo 36:11).

El Señor cortará el orgullo de los filisteos (Zacarías 9:6).

Rompo el orgullo de tu poder; haré que tus cielos
sean de hierro y tu tierra de bronce (Levítico 26:19).

Que el orgullo de Moab sea cortado de raíz, porque se
ha enorgullecido grandemente por la altivez, arrogancia,
orgullo y altanería de su corazón (Jeremías 48:29).

Que el orgullo de Israel sea roto en el nombre de Jesús. Que no testifiquen ante su rostro y sigan sin volverse hacia el Señor su Dios (Oseas 7:10).

Señor, deshonra el espíritu del orgulloso y abate a todos los ilustres de la tierra (Isaías 23:9).

Tengo temor del Señor: por tanto, odio el mal, el orgullo, la arrogancia y el camino perverso. Odio la boca perversa (Proverbios 8:13).

Rompo el espíritu de orgullo de la vida, porque no proviene del Padre sino del mundo (1 Juan 2:16).

No seré sabio en mi propia opinión (Proverbios 26:12).

Que la corona de orgullo de los borrachos de Efraín sea pisoteada bajo su pie (Isaías 28:3).

Como un nadador se disponen a nadar, Señor, extiende tus manos en medio de ellos y haz caer al orgulloso y sus artimañas (Isaías 25:11).

Como el rey Ezequías, que los líderes orgullosos se humillen para que la ira del Señor no venga sobre el pueblo (2 Crónicas 32:26).

Que el orgullo de mi corazón no me engañe. He sido derribado a tierra (Abdías 3).

Que el orgullo del Jordán sea arruinado (Zacarías 11:3).

El orgullo en el corazón es una abominación al Señor. Que no queden sin castigo (Proverbios 16:5).

El Señor detesta el orgullo de Jacob y odia sus palacios. Que todas sus ciudades y todo en ellos sea entregado a sus enemigos (Amós 6:8).

Los que caminan en orgullo serán derribados por el Rey del cielo (Daniel 4:37).

Caerán los que sostienen a Egipto; el orgullo de su poder caerá, y los que están dentro morirán a espada (Ezequiel 30:6).

Que caiga el orgullo de Asiria, y que el cetro de Egipto desaparezca (Zacarías 10:11).

Avergüenza a los que se gozan en su orgullo a consecuencia de sus obras. Que desaparezcan. Ya no serán altaneros en mi monte santo (Sofonías 3:11).

Llamo a los arqueros contra el espíritu orgulloso de Babilonia. Que todos los que doblan el arco acampen contra ella a su alrededor. Que nadie escape, porque ha sido orgullosa contra el Señor, el Santo de Israel (Jeremías 50:29).

Vengo en contra del espíritu de los orgullosos y del hombre altanero que actúa con un orgullo arrogante (Proverbios 21:24).

El Señor derribará las miradas altivas (Salmo 18:27).

Que el rey de Babilonia sea depuesto de su
trono real, porque su corazón se ha levantado
y su espíritu se ha endurecido de orgullo. Que
su gloria sea quitada (Daniel 5:20).

Declaro que este es el día en que el Señor de los
ejércitos vendrá sobre todo orgullo y altivez, sobre
todo lo altivo y altanero y lo derribará (Isaías 2:12).

Que el más orgulloso tropiece y se caiga, y que nadie lo
levante. Que el Señor encienda fuego en sus ciudades,
y devore todo a su alrededor (Jeremías 50:32).

Que otra persona me alabe, y no mi propia boca; el
extraño, y no mis propios labios (Proverbios 27:2).

No pretendo clasificarme o compararme con los que se
alaban a sí mismos. No son sabios (2 Corintios 10:12).

No respeto al orgulloso o a los que se dan a las mentiras.
En el Señor pongo mi confianza (Salmo 40:4).

Señor, mi corazón no es altivo (Salmo 131:1).

Que el Señor detenga la arrogancia del orgulloso y
aplaque la altivez de los terribles (Isaías 13:11).

El Señor no permitirá una mirada altiva y
un corazón orgulloso (Salmo 101:5).

No hablaré con orgullo y no permitiré que la
arrogancia salga de mi boca (1 Samuel 2:3).

El Señor resiste al orgulloso. Permíteme ser como el
humilde que recibe gracia de Dios (Santiago 4:6).

El Señor levantará un ejército extranjero contra
el orgullo del príncipe de Tiro. Las naciones más
terribles levantarán su espada contra la belleza de su
sabiduría. El Señor profanará el esplendor del espíritu
orgulloso del príncipe de Tiro, porque su corazón
se ha levantado para declarar que es un dios. Le
arrojará en un pozo, y sufrirá la muerte de los que
mueren. El Señor romperá el espíritu del príncipe de
Tiro, y ya no se hará llamar dios, sino hombre, porque
morirá como un marginado (Ezequiel 28:2, 7–8).

No tendré de mí mismo un concepto más alto del que
debo tener, sino que usaré la cordura (Romanos 12:3).

Que el espíritu orgulloso de Amán sea colgado en la horca
que preparó para el pueblo escogido de Dios (Ester 7:10).

Desmantelo las escamas de orgullo en la
espalda de Leviatán (Job 41:15).

Que la vara de orgullo se rompa en la
boca de un necio (Proverbios 14:3).

Que Babilonia, la gloria de los reinos y la belleza del
orgullo de los caldeos, sean derrocados como cuando
Dios derrocó a Sodoma y Gomorra (Isaías 13:19).

Que los malvados caigan en su orgullo y por la
maldición y las mentiras que hablan (Salmo 59:12).

El orgullo no recibirá bendición, y los que hacen
maldad no se levantarán. No tentarán a Dios y
se marcharán impunes (Malaquías 3:15).

Pongo freno a mi lengua para que no alardee
de grandes cosas (Santiago 3:5).

El Señor destruirá el espíritu altivo (2 Samuel 22:28).

Que el orgulloso y todos los que actúan
perversamente se vuelvan estopa. Que ni la raíz
ni las ramas queden de ellos (Malaquías 4:1).

No seré desgajado por la incredulidad. Estoy en pie
por fe. No seré altivo, sino temeré (Romanos 11:20).

No me enorgulleceré en el mañana, porque no sé
lo que deparará el mañana (Proverbios 27:1).

CAPÍTULO 5

LA ORACIÓN DEL DESVALIDO

Habrá considerado la oración de los desvalidos,
y no habrá desechado el ruego de ellos.

—SALMO 102:17

EL SEÑOR ESCUCHA el clamor de sus hijos cuando están en necesidad. Su deseo es que ninguno de nosotros tenga necesidad de nada. El Salmo 102:17 dice que Él oye, mira, se vuelve o tiene en alta estima la oración del desvalido. El diccionario *Webster's* define *desvalido* como "carente de algo necesario o deseado; carente de posesiones o recursos; extrema pobreza".[1] *Barnes' Notes* dice que *desvalido* significa:

> ..."desnudo", luego, pobre, desprovisto de todo, empobrecido, totalmente desvalido. Sería, por tanto, aplicable principalmente a los pobres exiliados en Babilonia; es aplicable a los pecadores que ruegan a Dios, y al pueblo de Dios mismo, desvalido de todo como la justicia propia, y sintiendo que no tienen nada en ellos mismos, sino que dependen totalmente de la misericordia de Dios.[2]

Esto también puede referirse a un estado espiritual. Mateo 5:3 habla acerca del pobre de espíritu. Eso éramos todos nosotros antes de ser salvos. Algunos, aunque somos salvos, aún tenemos carencia en nuestra vida, pero la Biblia dice que Dios oye nuestras oraciones. Él no nos dejará desnudos, hambrientos y sin provisión. Él es quien abre camino, y la naturaleza del Padre es dar buenos regalos a sus hijos (Mateo 7:11). La segunda parte de Mateo 5:3 dice que Él nos dará el Reino del cielo. La abundancia y las riquezas del Reino del cielo son mucho mayores de lo que usted se pueda imaginar.

Conociendo las promesas de Dios con relación a usted y su situación, tiene que ser fortalecido en su espíritu para orar contra las cosas en su vida que no están en línea con lo que Dios tiene para usted. No se precipite a conformarse con su estado de carencia, pensando que esta es su "parte" en la vida. ¡No! Usted tiene el poder de hablar y orar en contra del trabajo del enemigo cuando se trata de la provisión que usted necesita para su vida física y espiritual. Dios dijo que no menospreciará sus oraciones. Él no las desechará con desdén. Él no le condena. Por el contrario, acudirá en su ayuda rápidamente. (Véase Apocalipsis 22:12). Él proveerá caminos para usted que sobrepasan los medios humanos. Él le dice:

A todos los sedientos: Venid a las aguas; y los que no tienen dinero, venid, comprad y comed. Venid, comprad sin dinero y sin precio, vino y leche. ¿Por qué gastáis el dinero en lo que no es pan, y vuestro trabajo en lo que no sacia? Oídme atentamente, y comed del bien, y se deleitará vuestra alma con grosura. Inclinad vuestro oído, y venid a mí; oíd, y vivirá vuestra alma.

—Isaías 55:1–3

Él es una ayuda presente en su momento de necesidad. Su situación ahora quizá le parezca imposible, pero Dios ya ha diseñado una vía de escape. No se pierda en sus problemas. "Cuando estas cosas comiencen a suceder, erguíos y levantad vuestra cabeza, porque vuestra redención está cerca" (Lucas 21:28). Hable a esas montañas y dígales que su Dios suplirá todas sus necesidades conforme a sus riquezas en gloria.

NO SERÁ VENCIDO

Los problemas pueden agobiarle y hacerle tener la sensación de ser tragado o vencido. *Ser tragado* significa ser devorado, morir, ser ahogado o enterrado. Al final de este capítulo le daré oraciones para revertir esto y hacer que sus problemas sean tragados y no usted. Los demonios son semejantes a las serpientes; todas las serpientes son carnívoras, y casi todas atrapan y tragan las presas vivas (Jeremías 51:4, NVI). La mayoría de las serpientes tienen una estructura corporal especializada que les permite tragar cosas mayores que su cabeza o su cuello. No permita que el enemigo se trague su vida, sus finanzas o su destino. Levántese y ore para que el Señor trague, consuma, devore, aplaste y entierre sus problemas. Son sinónimos de *tragar*: mermar, recuperar, agotar, enterrar, absorber, bajar, aceptar, retirar, terminar, engullir, inhumar, comer, enterrar, absorber, atravesar, sumergir, hundir, consumir, tumbarse para descansar, aniquilar, liquidar, empinar, hundir, acabar.

Dios tragó al Faraón y a los egipcios en el mar Rojo. Dios abrió la tierra y tragó a Coré, Datán y Abiram, y hará lo mismo con el diablo que llegue en contra de usted.

Y volvieron las aguas, y cubrieron los carros y la caballería, y todo el ejército de Faraón que había entrado tras ellos en el mar; no quedó de ellos ni uno. Y los hijos de Israel fueron por en medio del mar, en seco, teniendo las aguas por muro a su derecha y a su izquierda.

—ÉXODO 14:28–29

¿Quién como tú, oh Jehová, entre los dioses? ¿Quién como tú, magnífico en santidad, terrible en maravillosas hazañas, hacedor de prodigios? Extendiste tu diestra; La tierra los tragó.

—ÉXODO 15:11–12

Todo el día mis enemigos me pisotean; Porque muchos son los que pelean contra mí con soberbia.

—SALMO 56:2

Los pondrás como horno de fuego en el tiempo de tu ira; Jehová los deshará en su ira, y fuego los consumirá.

—SALMO 21:9

No dejes que me arrastre la corriente; no permitas
que me trague el abismo, ni que el foso cierre sus
fauces sobre mí.

—Salmo 69:15, nvi

La maldición de la suerte y la fortuna

Muchos hemos aprendido una manera mundana de hablar a
nuestras situaciones, diciendo que esto es buena suerte, o que
aquello fue mala suerte. Yo no tengo suerte, o soy meramen-
te afortunado, sino que estoy bendecido. *Afortunado* significa
"favorecido por o que tiene buena suerte o fortuna; con suerte. Prometedor o favorable". Está derivado de la diosa paga-
na Fortuna (equivalente a la diosa griega Tyche), la diosa de
la fortuna y personificación de la suerte en la religión roma-
na. Ella puede dar buena o mala suerte; se puede representar como velada y ciega, como en las descripciones modernas
de la justicia, y llegó para representar la imprevisibilidad y la
incoherencia de la vida.[3] También era una diosa del destino.
Esta definición de fortuna va más allá aún: "posibilidad, suerte como una fuerza en los asuntos humanos"; "suerte, buena fortuna, desgracia"; "posibilidad, destino, buena suerte", o
"posibilidad, suerte".

La rueda de la Fortuna, o Rota Fortunae, es un
concepto de la filosofía antigua y medieval referi-
do a la naturaleza caprichosa del Destino. La rueda
le pertenece a la diosa Fortuna, quien la hace girar
aleatoriamente, cambiando las posiciones de los

que están en la rueda, donde algunos sufren una gran desgracia y otros obtienen ganancias inesperadas. Fortuna aparece en todos los retratos como una mujer, a veces con los ojos vendados, "manejando" una rueda.[4]

Para entender la suerte y la fortuna, leemos en Isaías 65:11–12:

> Pero a ustedes que abandonan al Señor y se olvidan de mi monte santo, que para los dioses de la Fortuna y del Destino preparan mesas y sirven vino mezclado, los destinaré a la espada; ¡todos ustedes se inclinarán para el degüello! Porque llamé y no me respondieron, hablé y no me escucharon. Más bien, hicieron lo malo ante mis ojos y optaron por lo que no me agrada. (NVI)

Los dioses de la Fortuna y del Destino eran dioses paganos. Sus nombres, Gad y Meni, significan literalmente "tropa" y "número". Gad está emparejado con el número Strong's H1408, pero es la misma palabra numerada como H1410, que significa "tropa". Meni está derivado de *manah*, que significa "contar, calcular, numerar, asignar, decir, señalar, preparar". Isaías 65:11 hace referencia a los nombres de estos dos dioses, Gad y Meni, pero el tema del pasaje es que los israelitas habían optado por el politeísmo ("esa tropa" y "ese número") en claro desafío a su único Dios.[5]

No podemos despreocuparnos de las cosas que usamos para describir el resultado de ciertas situaciones que se producen en nuestras vidas. Podemos activar por error dioses demoniacos que influencien cosas que deberían estar bajo la autoridad de Dios.

Cuando usted entrega su vida a Dios, no vive bajo la casualidad o la suerte, sino que vive según el plan divino de Dios. Jeremías 29:11 dice: "Porque yo sé los pensamientos que tengo acerca de vosotros, dice Jehová, pensamientos de paz, y no de mal, para daros el fin que esperáis". Y el salmista escribió en Salmo 37:23: "Por Jehová son ordenados los pasos del hombre, y él aprueba su camino". Su vida y las cosas que está viviendo no están girando a su alrededor aleatoriamente, y no están fuera de control si usted está en Cristo. Dios tiene el control. Que sus problemas conozcan esta verdad.

ORACIONES CONTRA MALDICIONES Y MALA SUERTE

No tengo suerte, sino estoy bendecido.

En el nombre de Jesús, reprendo toda
mala suerte y mala fortuna.

En el nombre de Jesús, reprendo a todos los dioses y
diosas de la fortuna que intentaran gobernar mi vida.

Me arrepiento y doy la espalda a toda
superstición y creencia en la buena suerte.

En el nombre de Jesús, reprendo y echo fuera
a todo espíritu de suerte y buena fortuna.

En el nombre de Jesús, renuncio a todos los objetos
de mi pasado relacionados con la suerte.

En el nombre de Jesús, reprendo y echo fuera
cualquier demonio que intente gobernar mi destino.

Señor, mi destino proviene de ti, y me someteré
a tus planes y propósitos para mi vida.

Declaro que el Señor ordena mis pasos.

Señor, mi futuro, éxito y prosperidad
están en tus manos.

ORACIONES QUE SE TRAGAN AL ENEMIGO

Señor, tú eres el Dios que engulle a sus enemigos.

Tú ahogaste al faraón en el mar Rojo.

Tu hundiste a Coré en la tierra por su rebelión.

Hiciste que la tierra se tragara el río que
liberó el dragón (Apocalipsis 12:16).

Preparaste un gran pez para tragarse a Jonás (Jonás 1:17).

Extiende tu diestra, oh Dios, y que
desaparezcan los enemigos (espirituales).

En el nombre de Jesús, reprendo al tragador.

Que la boca del tragador se cierre y quede
atada, en el nombre de Jesús.

Que toda pobreza y carencia en mi vida
sean tragadas, en el nombre de Jesús.

Que toda enfermedad y dolencia sean tragadas.

Que todo desánimo y derrota sean tragados.

Que toda actividad del infierno contra mi vida sea tragada.

En el nombre de Jesús, que toda maldición y palabra
negativa dicha contra mi vida sean tragadas.

Que todos los faraones que intenten
seguirme sean tragados.

El enemigo no podrá tragarse mis finanzas,
más bien deberá vomitarlas (Job 20:15).

Castiga al enemigo, y que salga todo lo que se ha
tragado, en el nombre de Jesús (Jeremías 51:44).

El enemigo no se tragará mi destino y propósito.

Mi vida está protegida; no se la tragará el enemigo.

Mis enemigos no me tragarán.

Que la vara de Dios se trague a
todas las varas del enemigo.

Que todo Coré que se levante contra mi vida sea tragado.

En el nombre de Jesús, que toda fortaleza
generacional sea tragada.

Que toda persecución contra mi vida sea tragada.

Que el temor sea tragado.

Que la hechicería sea tragada.

Que la preocupación sea tragada.

Que la ansiedad sea tragada.

Que la frustración sea tragada.

Que todo lo que intente tragarme, sea tragado, en el nombre de Jesús.

Que todo ataque del infierno contra mi vida sea tragado, en el nombre de Jesús.

No permitiré que palabras necias me traguen (Eclesiastés 10:12).

El Señor actuará desde el cielo y me librará de todo lo que quisiera tragarme (Salmo 57:3).

El agua no me inundará. Las profundidades no me tragarán (Salmo 69:15).

Los malvados no devorarán ninguna de mis pertenencias (Lucas 20:47).

Que toda maldad contra mí se hunda como se hundieron el faraón y sus carros en el mar Rojo, o como a Coré, Datán y Abiram se los tragó la tierra.

Reprendo y ato a toda serpiente que intente tragar cualquier cosa que me pertenece, en el nombre de Jesús.

En el nombre de Jesús, ato y reprendo a toda pitón
y constrictor que intente atenazarme y tragarme.

Rompo las fauces del malvado y arrebato de sus
dientes el botín, a fin de que no se lo trague.

Señor, reprende por mí al devorador.

Que cualquier problema que pudiera avasallarme
sea tragado, en el nombre de Jesús.

Envía tu misericordia y verdad,
y líbrame de todo lo que intente tragarme
(Salmo 57:3).

Escúchame, oh Señor; porque tu misericordia es buena:
mírame según la multitud de tus piedades
(Salmo 69:16).

En lo que tema, confío en ti
(Salmo 56:3).

Que el ladrón no se trague mi posesión
(Job 5:5).

Señor, tú eres un Dios de maravillas; que los poderes
del infierno sean tragados (Éxodo 15:11–12).

Que todo lo que venga para comer mi
carne sea consumido (Salmo 27:2).

Libero al arquero contra todo Eglón que venga para
tragarse los recursos del pueblo de Dios (Jueces 3:16–18).

Vengo contra cualquier ola del
enemigo que intente tragarme.

Que las olas del enemigo no me desborden
(Salmo 93:3).

Que las inundaciones no me arrastren y ahoguen.

Señor, tu andas sobre las olas (Job 9:8).

Señor, en lo alto eres más fuerte que el ruido de muchas
aguas, sí, que muchas olas poderosas del mar
(Salmo 93:4).

Que las olas orgullosas se calmen (Job 38:11).

Tú eres el Dios que se traga la muerte en victoria.

Que todo espíritu de muerte y destrucción sea tragado.

Que los espíritus de las profundidades, el
pozo y el abismo sean tragados.

Que Abadón y Apolión sean tragados.

Que todo trabajo de la muerte y el infierno contra
mi familia sea tragado, en el nombre de Jesús.

Me niego a que la pena me ahogue, porque
el gozo del Señor es mi fortaleza.

Que la deuda sea tragada en mi vida.

Que la opresión sea tragada en mi vida.

ORACIONES DE SALTO PARA UN AUMENTO REPENTINO Y AVANCE DRÁSTICO*.

Creo que este es mi tiempo señalado para dar un salto hacia adelante, en el nombre de Jesús.

Es mi momento de saltar.

Esta es una nueva etapa de salto para mí.

Salto por encima de toda distracción, en el nombre de Jesús.

Salto por encima de cualquier persona que el enemigo haya puesto en mi camino para impedir mi progreso.

Que mis pasos se conviertan en saltos.

Salto por encima de cada muralla que el enemigo haya levantado.

En el nombre de Jesús, salto por delante de nada o nadie que haya saltado ilegalmente más allá de donde estoy.

Salto como un león de Basán como Dan.

Saltaré por encima de mis enemigos como David.

Recibo fortaleza para salir de un salto de toda enfermedad y dolencia. Salto en mi destino y propósito, en el nombre de Jesús.

Con ánimo salto a mi futuro.

---

* Estas oraciones están tomadas de Deuteronomio 32:22; 2 Samuel 6:16; Salmo 18:29; Isaías 35:6; Lucas 1:41; Lucas 6:23; Hechos 3:8; Hechos 14:10

Salto de la carencia a la abundancia.

Salto del fracaso al éxito.

Que todo lugar cojo en mi vida salte de alegría.

Doy un salto de fe y hago lo imposible.

Que mi economía crezca a pasos agigantados.

Que mi economía salte a un nivel que
no haya visto hasta ahora.

Que riqueza y prosperidad salten sobre
mi vida, en el nombre de Jesús.

Que mi sabiduría aumente a pasos agigantados.

Que mi entendimiento aumente a pasos agigantados.

Que mi visión aumente a pasos agigantados.

Que el favor aumente en mi vida a pasos agigantados.

Que mi ministerio crezca a pasos agigantados.

Que mis fronteras se expandan a pasos agigantados.

Permíteme saltar hasta llegar a los lugares altos.

En el nombre de Jesús, que recupere el lugar del que caí.

Que la restauración llegue a cualquier cosa
que el enemigo haya robado en mi vida.

Que mi revelación aumente a pasos agigantados.

No tendré miedo a dar un salto de fe
en la palabra del Señor.

Saltaré sobre el enemigo y le venceré,
en el nombre de Jesús.

Saltaré y me gozaré en la bondad del Señor.

El Señor me ha dado saltos de alegría en lugar
de tristeza y gozo en lugar de lamento.

Salto de un lugar bajo a un lugar alto.

Que un favor y bendición extras sean añadidos
a mi vida, en el nombre de Jesús.

Que este año sea un año de favor y
bendición sin precedente en mi vida.

Permíteme recibir milagros y avances sin
precedente, en el nombre de Jesús.

Permíteme saltar de gozo como un ciervo.

Saltaré a nuevos lugares natural y espiritualmente.

Saltaré a nuevas alturas y niveles.

Saltaré por encima de mis problemas y
reveses, en el nombre de Jesús.

Saltaré todas las trampas del maligno.

Rompo todas las cadenas y pesos de
mis pies que me impidan saltar.

Dejo a un lado todo peso y carga que me impida saltar.

Dejo a un lado toda duda e incredulidad
que me impidan saltar.

Salto de mi pasado a mi futuro.

No temeré saltar hacia adelante con valentía y confianza.

Saltaré porque mi Dios está conmigo.

Mi Dios me anima y hace que salte hacia adelante.

Que el Reino avance en mi ciudad a pasos agigantados.

Que mi tiempo y propósito se realineen
este año, en el nombre de Jesús.

El camino está abierto para mí, y saltaré a él.

Me uniré a otros creyentes que están
saltando hacia adelante.

Que las iglesias de mi región salten hacia adelante.

Que nuestra alabanza y adoración salten a otro nivel.

Que mi vida de oración salte hacia adelante.

Que nuestra predicación y enseñanza salten a otro nivel.

Saltaré hacia adelante en mi dar.

Que mi creatividad salte a otro nivel.

Que mi fe dé un salto cuántico.

Que mi amor dé un salto cuántico.

Que mi familia salte hacia adelante en su destino.

Que mi nivel profético dé un salto cuántico.

Que la liberación y la sanidad den un salto
cuántico en mi ciudad, en el nombre de Jesús.

Saltaré mediante el ayuno y la oración.

Que las bendiciones del Señor me desborden
y salten sobre mí, en el nombre de Jesús.

CAPÍTULO 6

ORACIÓN DE MEDIANOCHE
Y DE MEDIODÍA

Tarde y mañana y a mediodía oraré y clamaré,
y él oirá mi voz.

—SALMO 55:17

ORAR VARIAS VECES al día puede ser una forma muy poderosa de mover montañas y experimentar victorias. Yo siempre he sido más bien una persona nocturna. Oro y estudio en la noche. Entender el misterio de la noche puede hacerle ver grandes victorias en su vida espiritual.

La oración de medianoche es un tiempo para la guerra espiritual. Es la tercera vigilia de la noche y uno de los momentos más importantes para vigilar. Es un tiempo especial para que el gobierno divino reine por encima de los decretos humanos (véase Éxodo 12—14). Es cuando el sueño profundo cae sobre los hombres según Hechos 20:7–12. Recuerde: según Mateo 13:25, mientras los hombres dormían, el enemigo llegó para sembrar espinos. Este es, por tanto, un periodo especial de más actividad satánica. El diablo opera en esta hora porque este es el tiempo en que los hombres duermen y no hay muchas personas orando para presentarle oposición (1 Reyes 3:20; Mateo 13:25).

La noche es también un tiempo de angustia y temor para muchos, cuando el dolor, la culpa, el temor y la desesperación parecen casi insoportables. Muchos de los salmos claman a Dios desde las profundidades de la angustia, pidiendo misericordia, ayuda, justicia, victoria sobre el mal. Al orarlos, ponemos voz a los clamores de los pobres y desamparados, aquellos que no pueden volverse a Dios por sí mismos, o que ni tan siquiera creen en Dios. Nos identificamos con los que sufren, y clamamos con ellos y por ellos. Nuestra oración llega a Dios en las horas de oscuridad como un acto de solidaridad con los que experimentan la noche de la cruz.[1]

En el Salmo 42:8 leemos: "Pero de día mandará Jehová su misericordia, y de noche su cántico estará conmigo, y mi oración al Dios de mi vida". Según el comentario *Adam Clark's Commentary*, este versículo dice que Dios dará una comisión especial para que nos visite su misericordia durante la noche, para que su misericordia continúe en nuestras oraciones, y nos dé poder para hacer el mejor uso de esta visitación.[2]

Esta es una revelación poderosa del misterio de la noche. Cuando oramos en la noche, el amor y misericordia del Señor morarán en medio de nuestras oraciones y estarán a nuestra disposición con todo su poder. Por tanto, si está experimentando una oposición demoniaca intensa, la medianoche sería un lugar ideal para establecer una oración de vigilia o post vigilia hasta que experimente la victoria.

VICTORIAS A MEDIANOCHE

La noche ha sido establecida mediante un pacto. Jeremías 33:20 dice: "Así ha dicho Jehová: Si pudiereis invalidar mi pacto con el día y mi pacto con la noche, de tal manera que no haya día ni noche a su tiempo". Se pueden obtener grandes victorias cuando alabamos y oramos en la noche. La medianoche es un tiempo en que Dios hace cosas sobrenaturales. En Salmo 119:62 el salmista dijo: "A medianoche me levanto para alabarte por tus justos juicios". Aquí tiene una lista de otras bendiciones o victorias que se producen a medianoche.

**La medianoche es un tiempo de liberación
de toda prisión espiritual.**

> Pero a medianoche, orando Pablo y Silas, cantaban himnos a Dios; y los presos los oían.
>
> —Hechos 16:25

Usted puede provocar a Dios con alabanzas temerosas a medianoche como hicieron David y Pablo. Es un tiempo de liberación de toda prisión espiritual; cuando utilice el misterio de las oraciones de medianoche, iniciará el terremoto de liberación que le hará libre.

> Dijo, pues, Moisés: Jehová ha dicho así: A la medianoche yo saldré por en medio de Egipto.
>
> —Éxodo 11:4

La liberación de Dios de Israel comenzó a medianoche.

Y aconteció que a la medianoche Jehová hirió a todo primogénito en la tierra de Egipto, desde el primogénito de Faraón que se sentaba sobre su trono hasta el primogénito del cautivo que estaba en la cárcel, y todo primogénito de los animales.

—ÉXODO 12:29

La destrucción de la puerta del enemigo ocurrió a medianoche.

Mas Sansón durmió hasta la medianoche; y a la medianoche se levantó, y tomando las puertas de la ciudad con sus dos pilares y su cerrojo, se las echó al hombro, y se fue y las subió a la cumbre del monte que está delante de Hebrón.

—JUECES 16:3

El esposo viene a medianoche.

Y aconteció que a la medianoche se estremeció aquel hombre [Booz], y se volvió; y he aquí, una mujer [Rut] estaba acostada a sus pies.

—RUT 3:8

Y a la medianoche se oyó un clamor: ¡Aquí viene el esposo; salid a recibirle!

—MATEO 25:6

La medianoche es un tiempo para pedir.

Les dijo también: ¿Quién de vosotros que tenga un amigo, va a él a medianoche y le dice: Amigo, préstame tres panes.

—LUCAS 11:5

Atrapa al ladrón a medianoche.

Y se levantó a medianoche y tomó a mi hijo de junto a mí, estando yo tu sierva durmiendo, y lo puso a su lado, y puso al lado mío su hijo muerto.

—1 REYES 3:20

Pones las tinieblas, y es la noche; en ella corretean todas las bestias de la selva.

—SALMO 104:20

Dios puede enseñarnos en la noche.

Bendeciré a Jehová que me aconseja; Aun en las noches me enseña mi conciencia.

—SALMO 16:7

Dios puede visitarnos en la noche.

Tú has probado mi corazón, me has visitado de noche; Me has puesto a prueba, y nada inicuo hallaste; He resuelto que mi boca no haga transgresión.

—SALMO 17:3

Podemos meditar en Dios y en la Palabra en la noche.

Cuando me acuerde de ti en mi lecho, cuando medite en ti en las vigilias de la noche.

—Salmo 63:6

Se anticiparon mis ojos a las vigilias de la noche, para meditar en tus mandatos.

—Salmo 119:148

Es bueno desear a Dios en la noche.

Con mi alma te he deseado en la noche, y en tanto que me dure el espíritu dentro de mí, madrugaré a buscarte; porque luego que hay juicios tuyos en la tierra, los moradores del mundo aprenden justicia.

—Isaías 26:9

Nehemías pudo ver en la noche la desolación de los muros de la ciudad derruidos.

Y subí de noche por el torrente y observé el muro, y di la vuelta y entré por la puerta del Valle, y me volví.

—Nehemías 2:15

El Señor se le apareció a Salomón de noche.

Y apareció Jehová a Salomón de noche, y le dijo: Yo he oído tu oración, y he elegido para mí este lugar por casa de sacrificio.

—2 Crónicas 7:12

Nicodemo buscó a Jesús de noche.

Les dijo Nicodemo, el que vino a él de noche, el cual era uno de ellos...

—Juan 7:50

Los ángeles de liberación pueden llegar de noche.

Mas un ángel del Señor, abriendo de noche las puertas de la cárcel y sacándolos, dijo.

—Hechos 5:19

Porque esta noche ha estado conmigo el ángel del Dios de quien soy y a quien sirvo.

—Hechos 27:23

DESTRUIR LAS OBRAS DE LAS TINIEBLAS

Cuando el rey de Siria fue a arrestar a Elías en 2 Reyes 6:13–14, lo hizo en la noche. Para el reino de las tinieblas, la noche es un tiempo de conferencia. Es cuando los enemigos se reúnen para dar sus informes, rediseñar la estrategia y tomar decisiones con respecto al destino de muchos, incluyendo los cristianos. Es también cuando renuevan sus pactos, maldiciones y sacrificios. Es cuando supervisan las cargas, castigos y yugos que han puesto sobre sus víctimas. Pero más importante aún, es cuando alteran el destino de muchos. Cada actividad nocturna del reino satánico contra usted en este tiempo será como nada en el nombre de Jesús.

Los creyentes también deben ser participantes activos en la esfera espiritual. Orar durante una hora en la noche tiene grandes efectos sobre las operaciones del reino de la oscuridad, y mucho más orar toda la noche. ¡Reduzca sus horas de sueño! Cuando ellos se reúnen para decidir su destino, arrodíllese y decida usted el de ellos, disipe sus reuniones y despójeles de su poder.[3]

La medianoche es también la hora de la vigilia, el momento del día en que las criaturas sobrenaturales como brujas, demonios y fantasmas se cree que aparecen y cuando más poder tienen, y cuando la magia negra es más eficaz. Esta hora es normalmente después de la medianoche o el tiempo en mitad de la noche, cuando se dice que ocurren las cosas mágicas.

A medianoche me levanto para alabarte por tus justos juicios.

—SALMO 119:62

En Salmo 91:6 el salmista menciona la pestilencia que camina en la oscuridad: "Ni pestilencia que ande en oscuridad, ni mortandad que en medio del día destruya". Este es un retrato del mal caminando en la noche.

La medianoche nos habla de tinieblas: la ausencia de luz y la presencia de la oscuridad. Es para descansar y poco idóneo para el trabajo. Es favorable para los propósitos de los malvados. Las bestias salvajes buscan a sus presas de noche. Los pastores cuidan sus rebaños de noche. La medianoche es un periodo de graves calamidades. La oscuridad tiene poderes que atan y limita las actividades. Tiene poderes que separan. Es entonces cuando todo lo malo e indigno de la luz se libera. Pero el enemigo no posee la noche; la noche le pertenece a Dios: "Tuyo es el día, tuya también es la *noche*; Tú estableciste la luna y el sol" (Salmo 74:16, énfasis añadido).

Marcos 1:35 nos dice que Jesús oraba en la noche: "Levantándose muy de mañana, siendo aún muy oscuro, salió y se fue a un lugar desierto, y allí oraba". Él es nuestro ejemplo de cómo estar conectado a Dios, libres de la incredulidad y permaneciendo en el poder de lo sobrenatural y los milagros.

La medianoche es un tiempo muy bueno y estratégico para orar. La medianoche representa la oscuridad de la noche. La noche es simbólica de las tinieblas y el tiempo en que los hombres duermen. Al enemigo le gusta planear y trabajar cuando los hombres están dormidos, por eso levantarse en la noche en oración definitivamente frustra e interrumpe sus planes.

LA ORACIÓN DE MEDIODÍA

La idea de orar a las 12:00 de la mañana (mediodía) es que permite que Dios interrumpa su día. Tenga ya o no un tiempo regular de oración, disciplinarse para orar en mitad de su día significa hacer volver su mente a Dios independientemente de las presiones o actividades de la vida diaria.

Ni pestilencia que ande en oscuridad, ni mortandad que en medio del día destruya.

—SALMO 91:6

También es una oportunidad de orar contra la maldición de mediodía. Deuteronomio 28:29 dice: "y palparás a mediodía como palpa el ciego en la oscuridad, y no serás prosperado en tus caminos; y no serás sino oprimido y robado todos los días, y no habrá quien te salve". Este es el plan del enemigo en acción. Podemos establecer una defensa contra este malvado plan buscando a Dios y orando contra el enemigo a mediodía.

El mediodía es el punto álgido o alto del día y del sol. El sol es responsable del calor y la prosperidad. "Mediodía" se define como la etapa o el periodo más avanzado, floreciente o creativo. *Alto* significa "elevado por encima de cualquier punto de comienzo o medida, como una línea, o superficie; tener altitud; levantado; elevado o extendido en dirección al cénit; alto; como una montaña, torre o árbol altos; el sol está alto". Sinónimos de *mediodía* incluyen:

pináculo, cumbre, apogeo, cima, tope, clímax, séptimo cielo, cresta, corona, culmen, culminación, borde, límite extremo, extremidad, cielo, cielos, altura, tono más alto, punto más alto, límite, máximo, meridiano, meridiem, cima montañosa, ne plus ultra, ningún lugar más elevado, mediodía, luz de mediodía, marea de mediodía, pico, pináculo, tono, punto, polo, firmamento, aguja, torre, supremo, extremidad superior, superior, vértice, cénit.[4]

El mediodía proféticamente representa un punto alto. Ore cosas altas a mediodía. Ore para elevarse más en las cosas de Dios y del Espíritu.

ORACIONES PARA LIBERAR LA MAÑANA Y LA AURORA

Señor, tú ordenas la mañana y haces que la aurora conozca su lugar. Que toda maldad sea sacudida de mi vida, en el nombre de Jesús (Job 38:12–13).

Que la mañana y la aurora se levanten en mi vida.

Que el rocío de la mañana esté sobre mi vida, en el nombre de Jesús.

Que la bendición de la mañana se levante en mi vida, en el nombre de Jesús.

Que el Sol de justicia se levante con sanidad en sus alas, y que cada área de mi vida sea sanada, en el nombre de Jesús.

Señor, tú eres un sol y escudo para mi vida. No retengas de mi vida ninguna cosa buena.

Con esta nueva mañana, que nueva misericordia y favor estén sobre mi vida, en el nombre de Jesús.

Jesús, tú eres mi Aurora; libera más luz y revelación en mi vida.

Aurora, ocupa tu lugar en mi vida.

Aurora de lo alto, visítame.

Que la maldad sea sacudida de mi familia, ciudad, región y nación, en el nombre de Jesús.

Que el malvado se disperse con la aurora.

Aurora, llega hasta los confines de la tierra, y arranca toda maldad.

Aurora, llega hasta los confines de la tierra, y disipa la oscuridad.

Nada está encubierto ante ti, Señor, porque tú creaste la aurora.

Que haya un nuevo amanecer en mi vida, en el nombre de Jesús.

Te alabo, Señor, en la mañana.

Que tu nombre sea alabado desde el amanecer hasta el anochecer (Salmo 113:3).

ORACIONES PARA LIBERAR LA MISERICORDIA Y EL FAVOR DE LA MAÑANA

Hazme oír tu misericordia en la mañana; porque en ti confío. Hazme saber cómo debo caminar, porque levanto a ti mi alma (Salmo 143:8).

Cantaré de tu poder; sí, cantaré a viva voz de tu misericordia en la mañana. Tú has sido mi defensa y refugio en el día de mi angustia (Salmo 59:16).

Muestra tu misericordia por la mañana y tu fidelidad por la noche (Salmo 92:2).

Por tu misericordia, Señor, no he sido consumido. Tu compasión nunca falla. Es nueva cada mañana. Grande es tu fidelidad (Lamentaciones 3:22–23).

Señor, tú eres mi sol y mi escudo. Me das gracia y gloria y no retendrás de mí ningún bien (Salmo 84:11).

Señor, eres sol y escudo; protege mi vida de día y de noche.

ORACIONES PARA LIBERAR LA BENDICIÓN DEL MEDIODÍA

Que la bendición del sol esté sobre mi vida.

Permíteme experimentar una cosecha grande y gozosa, en el nombre de Jesús (Deuteronomio 33:14).

Señor, el día es tuyo y la noche también. Tú has preparado la luz y el sol (Salmo 74:16).

El Señor Dios es mi fortaleza. Él hará que mis pies sean como los del ciervo y me permitirá caminar por lugares altos (Habacuc 3:19).

Ved ahora también que mi testimonio está en
el cielo, y mi testigo en lo alto (Job 16:19).

El Señor es mi roca, castillo y libertador; Él es mi Dios,
mi fortaleza, en quien confiaré. Él es mi escudo, el
cuerno de mi salvación y mi torre alta (Salmo 18:2).

Él hace mis pies como los del ciervo y me
lleva a mis lugares altos (Salmo 18:33).

Desde los confines de la tierra clamaré a ti,
cuando mi corazón esté agobiado; guíame a la
roca que es más alta que yo (Salmo 61:2).

Soy pobre y apenado; que tu salvación, oh Dios,
me establezca en lo alto (Salmo 69:29).

El Altísimo mismo me establecerá (Salmo 87:5).

Habito en el lugar secreto del Altísimo y habito
bajo la sombra del Omnipotente (Salmo 91:1).

Como he puesto mi amor en Él, Él me librará;
me pondrá en lo alto porque he conocido
su nombre (Salmo 91:14).

Él me ha puesto en lo alto, donde no hay aflicción,
y hace que mi familia sea como un rebaño
(Salmo 107:41).

Moraré en lo alto; mi lugar de defensa será
la fortaleza de rocas. Me darán el pan, y mis
aguas estarán seguras (Isaías 33:16).

Habrá allí un camino ancho para mí, y se llamará camino de santidad. El impío no lo transitará, pero yo caminaré por él y no me desviaré (Isaías 35:8).

Subiré al monte alto. Levantaré mi voz y diré a las ciudades: "Contemplen a su Dios" (Isaías 40:9).

El Señor me abrirá ríos en lugares altos y fuentes en medio de los valles. Convertirá el desierto en un estanque de agua y la sequedad en arroyos de agua (Isaías 41:18).

Comeré junto al camino, y mi pasto estará en los lugares altos (Isaías 49:9).

Dios hará un camino en mis montañas, y mis caminos serán elevados (Isaías 49:11).

Señor, me rindo a tus caminos; porque como los cielos son más altos que la tierra, así tus caminos son más altos que los míos y tus pensamientos más que mis pensamientos (Isaías 55:9).

ORACIONES PARA REDIMIR LA MALDICIÓN DEL MEDIODÍA

Soy redimido de la maldición de mediodía (Deuteronomio 28:29).

Soy redimido de la destrucción de mediodía (Salmo 91:6).

Alabaré y oraré a mediodía (Salmo 55:17).

El sol no me aplastará de día (Salmo 121:6).

El sol bendecirá mi vida. Mi vida será
fructífera (Deuteronomio 33:13–16).

No caeré en la vanidad y la aflicción
bajo el sol (Eclesiastés 1:14).

Disfrutaré de la vida bajo el sol
(Eclesiastés 2:17).

No seré oprimido bajo el sol; tengo al Consolador,
el Espíritu Santo (Eclesiastés 4:1).

DECLARACIONES CONTRA LA OPERACIÓN DEL MAL EN LA NOCHE

Ato y reprendo todo lo que opera contra mí
en la noche, en el nombre de Jesús.

No seré atormentado en la noche.

Que sea expuesto todo lo que funcione bajo la
cobertura de la oscuridad, en el nombre de Jesús.

La oscuridad no desbordará mi vida,
pero tengo la luz de la vida.

No temeré el terror de la noche.

Que las puertas de la prisión se abran, y que los
cimientos de los malvados sean sacudidos.

Señor, envía tus ángeles de liberación en
mi favor, en el nombre de Jesús.

El día y la noche te pertenecen, Señor; que
sea bendecido de día y de noche.

Tú creaste el día y la noche para tu deleite, Señor.
Permíteme disfrutar del día y de la noche.

Capítulo 7

Oración y Ayuno

Viniendo entonces los discípulos a Jesús, aparte, dijeron: ¿Por qué nosotros no pudimos echarlo fuera? Jesús les dijo: Por vuestra poca fe; porque de cierto os digo, que si tuviereis fe como un grano de mostaza, diréis a este monte: Pásate de aquí allá, y se pasará; y nada os será imposible. Pero este género no sale sino con oración y ayuno.

—MATEO 17:19–S21

L A INCREDULIDAD ES un enemigo a la hora de vencer las montañas que parecen imposibles. En Mateo 13:58 vemos que Jesús no operó en el poder de Dios en su ciudad natal por la incredulidad de la gente. Los discípulos no pudieron echar fuera un demonio debido a la incredulidad.

Es importante que expulse la incredulidad de su vida, y una de las formas de lograrlo es mediante la oración y el ayuno. La oración y el ayuno nos ayudan a quitar obstáculos para nuestra fe y nuestras acciones llenas de fe.

El ayuno, junto con la oración, es una de las armas más poderosas para experimentar victorias y vencer la incredulidad. Jesús precedió su ministerio de ayuno y regresó en el poder del Espíritu a Galilea. Jesús no luchó con la incredulidad, y operó en fe durante todo su ministerio. Cuando se vea desafiado por la incredulidad en cualquier situación, le animo a ayunar y orar para obtener victoria.

EL AYUNO LIBERA LA UNCIÓN QUE ABRE BRECHAS

¿Cuáles son sus montañas? En la introducción nombré muchas de las montañas más comunes que todos afrontamos en diferentes épocas de nuestra vida. Quizá usted haya orado por estas cosas durante mucho tiempo y no ha visto progreso.

En Miqueas 2:13 el profeta profetizó: "Subirá el que abre caminos delante de ellos; abrirán camino y pasarán la puerta, y saldrán por ella; y su rey pasará delante de ellos, y a la cabeza de ellos Jehová". Estamos viviendo en tiempos de apertura. El Señor es quien abre. Él puede abrir paso ante cualquier obstáculo, oposición o montaña para su pueblo. Hay una unción para abrir levantándose sobre la Iglesia. Veremos y experimentaremos más victorias que nunca.

El ayuno es una de las maneras de aumentar la unción que abre. El ayuno causará victorias en familias, ciudades, naciones, finanzas, crecimiento de la iglesia, salvación, sanidad y liberación. El ayuno le ayudará a abrirse paso ante las situaciones más difíciles. El ayuno le ayudará a atravesar toda oposición del enemigo.

Hay algunos espíritus en personas, regiones o naciones que no se pueden vencer sin ayunar. Muchos creyentes luchan con ciertas limitaciones que parecen no poder superar. Una revelación del ayuno cambiará esto y tendrá como resultado victorias que no se obtendrían de manera común. Una vida de ayuno sistemático provocará que se manifiesten muchas victorias. La voluntad de Dios es que todos los creyentes vivan una vida de victoria en la que no haya nada imposible.

Existen espíritus tercos que solo responderán al ayuno y la oración. Tienden a ser fortalezas generacionales que se aferran tenazmente a familias y naciones durante años. El ayuno romperá estas fortalezas. Entre ellas se encuentran: pobreza, enfermedad, brujería, impureza sexual, orgullo, temor, confusión y problemas matrimoniales. ¿Se parece alguna de estas fortalezas a las montañas que usted está afrontando hoy? El ayuno le ayudará a vencer estas fortalezas y ser libre de sus limitaciones.

> Pero tú, cuando ayunes, unge tu cabeza y lava tu rostro, para no mostrar a los hombres que ayunas, sino a tu Padre que está en secreto; y tu Padre que ve en lo secreto te recompensará en público.
>
> —MATEO 6:17–18

Ayunar rompe la montaña del espíritu de pobreza (Joel 2:15, 18–19).

Joel le dio al pueblo de Israel la respuesta apropiada a la invasión de la langosta. Las langostas representan demonios que devoran. Las langostas representan los espíritus de pobreza y carencia. La langosta había llegado sobre Israel y había devorado la cosecha. Joel animó al pueblo a ayunar y arrepentirse. Dios prometió oír sus oraciones y responder enviándoles maíz, vino y aceite.

Maíz, vino y aceite representan prosperidad. El ayuno rompe el espíritu de pobreza y libera el espíritu de prosperidad. He visto a un número incalculable de creyentes luchar en el área de las finanzas. La prosperidad es elusiva para muchos. Esta montaña de pobreza puede ser movida mediante el ayuno y la oración.

Ayunar rompe la montaña del temor y libera grandes cosas (Joel 2:21).

¿Desea ver suceder grandes cosas en su vida? El Señor desea hacer grandes cosas para su pueblo. El ayuno prepara el camino para que ocurran grandes cosas. Estas grandes cosas incluyen señales y maravillas.

Ayunar nos hace ser más fructíferos (Joel 2:22).

Ayunar aumenta el fruto en la vida del creyente. Esto incluye el fruto del Espíritu. Dios desea que su pueblo dé más fruto. El ayuno ayuda a que nuestros ministerios sean más fructíferos.

Ayunar libera la lluvia (Joel 2:23).

La lluvia representa el derramamiento del Espíritu Santo. La lluvia también representa bendición y refrigerio. Israel necesitó la lluvia temprana para ablandar la tierra para la plantación, y necesitó también la lluvia tardía para hacer madurar las cosechas. Dios ha prometido dar la lluvia temprana y la tardía como respuesta al ayuno.

El ayuno ablanda la tierra (el corazón) para la plantación de la semilla (la Palabra de Dios). El ayuno hace que la lluvia caiga en lugares secos. Naciones y ciudades que no han experimentado avivamiento pueden recibir la lluvia mediante el ayuno.

Ayunar libera el Espíritu Santo y aumenta la unción profética (Joel 2:28).

El ayuno ayuda a liberar una de las mayores promesas que dio el profeta Joel. Esta es la promesa del derramamiento postrero del Espíritu Santo. El ayuno ayuda a liberar la manifestación de profecía. El ayuno también ayuda a liberar visiones y sueños.

Ayunar rompe la montaña de la impureza sexual (Jueces 19:22—20:5).

El pecado sexual es uno de los pecados más duros de romper. Muchos creyentes luchan con la lujuria generacional. Los espíritus de lujuria producen mucha vergüenza, culpabilidad y condenación. Esto le roba al creyente la confianza y valentía que debería tener. Muchos creyentes luchan con la masturbación, la pornografía, la perversión y la fornicación. El ayuno ayudará a expulsar estos espíritus de la vida de la persona.

Ayunar produce mejoras y liberación (Ester 4:14–16).

El ayuno fue parte de lo que provocó la derrota de los planes de Amán de destruir a los judíos. Toda la nación de Israel fue librada gracias al ayuno. Ester necesitaba el favor del rey y lo recibió como resultado del ayuno. El ayuno produce favor y nos da una gran liberación.

Los judíos no solo derrotaron a sus enemigos, sino que también mejoraron. Mardoqueo fue ascendido y Amán fue colgado. La mejora se produce mediante el ayuno. Ayunar rompe limitaciones y le da más espacio para crecer y mejorar. Dios desea ensanchar nuestras fronteras (Deuteronomio 12:20). Dios quiere que tengamos más territorio. Esto incluye el territorio natural y el espiritual. El ayuno rompe limitaciones y provoca la expansión.

Ayunar rompe la montaña de enfermedad y dolencia y libera sanidad (Isaías 58:5–6, 8).

Muchos creyentes padecen enfermedades como el cáncer, la diabetes, alta presión arterial, sinusitis y dolor crónico. Estos espíritus de enfermedad a menudo son generacionales. El ayuno ayuda a eliminar las enfermedades y dolencias crónicas. Dios ha prometido que nuestra salud mejorará rápidamente.

Ayunar libera la gloria de Dios para nuestra protección (Isaías 58:8).

La protección divina es otra promesa de Isaías 58. Dios promete protegernos con su gloria. El ayuno libera la gloria del Señor que nos cubre. Dios ha prometido cubrir a la Iglesia con gloria como defensa (Isaías 4:5). El enemigo no puede penetrar en esta gloria ni vencerla.

Ayunar produce oraciones contestadas (Isaías 58:9).

La interferencia demoniaca hace que muchas oraciones se vean obstaculizadas. Daniel ayunó veintiún días para superar la resistencia demoniaca y recibir respuesta a sus oraciones. El príncipe de Persia retuvo las respuestas durante veintiún días. El ayuno de Daniel ayudó a que un ángel pudiera progresar y llevar las respuestas.

El ayuno hará que muchas respuestas a la oración sean aceleradas. Estas incluyen oraciones para salvación de seres queridos y liberación. El ayuno ayuda a romper la frustración de la oración no contestada.

Ayunar libera guía divina (Isaías 58:11).
A muchos creyentes les cuesta tomar decisiones correctas con respecto a las relaciones, las finanzas y el ministerio. Esto provoca reveses y tiempo perdido debido a las malas decisiones. El ayuno ayudará a los creyentes a tomar las decisiones correctas liberando guía divina. El ayuno elimina la confusión. El ayuno produce claridad y libera entendimiento y sabiduría para tomar las decisiones correctas.

El ayuno está recomendado para todos aquellos que tienen que tomar decisiones importantes, como pueden ser las relacionadas con el matrimonio y el ministerio.

Ayunar rompe las montañas de maldiciones generacionales (Isaías 58:12).
Muchos de los obstáculos que encuentran los creyentes son generacionales. Las maldiciones generacionales provienen de la iniquidad de los padres. Los pecados generacionales como orgullo, rebelión, idolatría, brujería, ocultismo, masonería y lujuria abren la puerta para que espíritus malignos operen en las familias durante generaciones. Los demonios de destrucción, fracaso, pobreza, enfermedad, lujuria y adicción son fortalezas poderosas en las vidas de millones de personas.

Ayunar ayuda a soltar las cadenas o la maldad. El ayuno libera al oprimido. El ayuno nos ayuda a reconstruir los antiguos lugares desolados. El ayuno revierte la desolación resultante del pecado y la rebelión.

Ayunar cierra las brechas y produce restauración (Isaías 58:12).

Hay muchos creyentes que necesitan restauración. Necesitan restauración en sus familias, finanzas, relaciones, salud y su caminar con el Señor. El ayuno es una parte de la restauración.

El ayuno cierra las brechas. Las brechas son aperturas en la pared que le dan al enemigo un punto de entrada a nuestra vida. Hay que reparar y cerrar las brechas. Cuando las brechas se cierran, el enemigo ya no tiene una apertura por donde atacar.

Ayunar restaura los caminos antiguos (Isaías 58:12).

El ayuno ayuda a mantenernos en el camino correcto. El ayuno nos ayuda impidiendo que nos desviemos. El ayuno ayudará a los que se han desviado del camino a regresar. El ayuno es una cura para los que se apartaron. El ayuno nos pondrá de nuevo en el camino correcto.

El ayuno nos ayuda a andar por el buen camino (Proverbios 2:9), el camino de la vida (v. 19), el camino de la paz (Proverbios 3:17), el camino antiguo (Jeremías 6:16), y el camino derecho (Hebreos 12:13). El ayuno restaura esos caminos y nos ayuda a caminar en ellos.

Ayunar le hace obtener una gran victoria contra todo pronóstico (2 Crónicas 20:3).

Josafat se enfrentaba a los ejércitos combinados de Moab, Amón y Edom. Luchaba contra todo pronóstico de vencer. Ayunar le ayudó a derrotar a esos enemigos. El ayuno nos ayuda a conseguir la victoria en medio de la derrota.

Josafat convocó un ayuno porque tenía miedo. El temor es otra fortaleza que a muchos creyentes les cuesta superar. El ayuno romperá el poder del demonio de temor. Los espíritus de terror, pánico, miedo, aprensión y timidez pueden ser vencidos mediante el ayuno. Ser libre del temor es un requisito para vivir un estilo de vida victorioso.

Ayunar prepara el camino para usted y sus hijos y le libra de sus enemigos que descansan a la espera (Esdras 8:21, 31).

Esdras ayunó porque reconoció el peligro de su misión. El ayuno le protegerá a usted y a sus hijos de los planes del enemigo. El ayuno detendrá la emboscada del enemigo. El ayuno le protegerá del ataque del enemigo.

Ayunar rompe las montañas de orgullo, rebeldía y brujería (Salmo 35:13; Job 33:17–20).

La enfermedad puede ser resultado del orgullo. El dolor también puede ser el resultado del orgullo. La enfermedad a menudo produce la pérdida de apetito. Esto es un ayuno forzado. El ayuno humilla el alma. El ayuno nos ayuda a vencer al hombre fuerte del orgullo. El orgullo y la rebeldía son espíritus generacionales que a menudo son difíciles de vencer.

La glotonería y la embriaguez son señales de rebeldía (Deuteronomio 21:20). La rebeldía es como el pecado de brujería (1 Samuel 15:23). Dios humilló a Israel en el desierto alimentándoles solamente con maná (Deuteronomio 8:3). Israel codició carne en el desierto. Eso fue una manifestación de rebeldía (Salmo 106:14–15).

Ayunar hace que regresen el gozo y la presencia del Señor (Marcos 2:20).

La presencia del novio produce gozo. Las bodas están llenas de alegría y celebración. Cuando un creyente pierde el gozo y la presencia del Señor, necesita ayunar. El ayuno hace que vuelvan el gozo y la presencia del Señor. Ningún creyente puede vivir una vida victoriosa sin la presencia del Novio.

Ayunar libera el poder del Espíritu Santo para lo milagroso (Lucas 4:14, 18).

El ayuno aumenta la unción y el poder del Espíritu Santo en la vida de la persona. Jesús ministró en poder después de ayunar. Sanó a los enfermos y echó fuera demonios. Se espera que todos los creyentes hagan las mismas obras (Juan 14:12). El ayuno nos ayuda a caminar en el poder de Dios. El ayuno libera la unción para los milagros.

El ayuno debe ser genuino, no religioso o hipócrita

En Lucas 18:11–12 el fariseo ayunaba con una actitud de orgullo y superioridad. Estas actitudes no son aceptables ante Dios. Dios requiere humildad y sinceridad en el ayuno. Debemos tener los motivos correctos para ayunar. El ayuno es una herramienta poderosa si se hace correctamente. El ayuno no se puede hacer de manera religiosa o hipócrita.

Isaías 58 describe el ayuno que Dios ha escogido. El ayuno no puede hacerse con motivos egocéntricos (v. 3). El ayuno no puede hacerse a la vez que maltratamos a otros (v. 3). El ayuno no puede hacerse por contiendas y debates (v. 4). El ayuno hace que uno agache su cabeza como un junco (v. 5). El ayuno debe hacerse en humildad. El ayuno es un tiempo para examinar el corazón y arrepentirse. El ayuno debe hacerse con una actitud de compasión por los perdidos y los que sufren (v. 7). Este es el ayuno que Dios promete bendecir.

El enemigo conoce el poder de la oración y el ayuno, y hará todo lo que esté en sus manos para detenerle. Los creyentes que comienzan a ayunar pueden esperar tener mucha resistencia espiritual. Debe usted comprometerse a un estilo de vida de ayuno. Las recompensas de ayunar superan con mucho a los obstáculos del enemigo. ¡Una revelación del poder del ayuno le ayudará a progresar!

ORACIONES CONTRA DEMONIOS TERCOS Y FORTALEZAS*

Ato, reprendo y echo fuera todo demonio
testarudo que intente aferrarse tercamente
a mi vida en el nombre de Jesús.

Vengo en contra de toda fortaleza terca y le
ordeno que se rinda ante el poder de Dios
y el nombre de Jesús (2 Samuel 5:7).

Pongo presión sobre cada demonio terco y fortaleza y
rompo su agarre en mi vida, en el nombre de Jesús.

Desarraigo toda raíz de terquedad de mi vida,
en el nombre de Jesús (Mateo 15:13).

---

* Estas oraciones junto con ayuno y liberación producirán victoria (Mateo 17:21)

Ordeno a todo espíritu terco y yugo de hierro que tiemble y se rompa, en el nombre de Jesús (Jueces 1:19).

Rompo el poder de todo demonio orgulloso, terco y arrogante que se exalta a sí mismo contra Cristo, y le ordeno que se humille, en el nombre de Jesús.

En el nombre de Jesús, rompo el poder de toda iniquidad en mi familia que intenta tercamente controlar mi vida.

Vengo en contra de todo demonio obstinado, y rompo su influencia en mi vida en el nombre de Jesús.

Reprendo todo patrón terco y habitual de fracaso y frustración en mi vida en el nombre de Jesús.

Reprendo todo faraón terco que intente retener al pueblo de Dios, y le ordeno que deje ir al pueblo de Dios, en el nombre de Jesús (Éxodo 8:32).

En el nombre de Jesús, ato y reprendo a todo enemigo testarudo que tercamente se opone tanto a mí como a mi progreso.

Reprendo a todo demonio terco que intente resistir el poder de Dios y la autoridad que tengo en Jesucristo, y le despojo de todo poder para resistir, en el nombre de Jesús.

Vengo contra todo patrón persistente que me limita, y le despojo de todo poder contra mí, en el nombre de Jesús.

No hay nada imposible mediante la fe. Libero mi fe contra todo demonio terco y obstinado, y le resisto con firmeza, en el nombre de Jesús (Mateo 19:26).

Debilito, desmorono y presiono a todo
demonio terco y fortaleza; son cada vez más
débiles, y yo soy cada vez más fuerte.

Ejercito una larga guerra contra todo demonio terco
hasta que sea totalmente derrotado y destruido en
mi vida, en el nombre de Jesús (2 Samuel 3:1).

Sitio toda fortaleza terca mediante oración
y ayuno, hasta que sus muros caigan, en el
nombre de Jesús (Deuteronomio 20:19).

Uso el ariete de la oración y el ayuno para derribar toda
puerta de cada fortaleza terca, en el nombre de Jesús.

Que todo muro de Jericó caiga mediante mi
alabanza, cuando alce mi voz como una trompeta
contra ellos, en el nombre de Jesús (Josué 6:1, 20).

Que todo cabo demoniaco sea quitado
de mi vida, en el nombre de Jesús.

En el nombre de Jesús, rompo la voluntad de todo
espíritu terco que intente permanecer en mi vida.

Hablo contra todo demonio testarudo: No
tiene poder para permanecer, su voluntad
queda rota, y debe someterse al nombre de
Jesús y al poder del Espíritu Santo.

Vengo contra todo demonio terco y fortaleza
en mi familia que haya rehusado irse, y en el
nombre de Jesús, asalto todo castillo demoniaco
que se haya construido durante generaciones.

Reprendo toda mula terca y toro de Basán
de mi vida, en el nombre de Jesús.

En el nombre de Jesús, rompo la voluntad de
toda mula terca que viene contra mí. Estás
derrotada y debes postrarte ante el nombre
que es sobre todo nombre (Salmo 22:12).

La unción aumenta en mi vida mediante la oración y el
ayuno, y todo yugo terco es destruido (Isaías 10:27).

NOTAS

CAPÍTULO 1: LA ORACIÓN DE FE

1. Larry Keefauver, ed., *The Original John G. Lake Devotional* (Charisma House, 1997), p. 149.

2. Ibíd., pp. 149–150.

3. Larry Keefauver, ed., *The Original Azusa Street Devotional* (Charisma House, 1997), pp. 119–120.

4. Kenneth E. Hagin, "Gift of Faith and the Working of Miracles", Faith.com, www.cfaith.com (consultado el 14 de marzo de 2012).

CAPÍTULO 3: LA ORACIÓN PERSISTENTE

1. Traducido de Merriam-Webster.com, Dictionary, s.v. "persist", http://www.merriam-webster.com (consultado el 17 de abril de 2012).

2. Traducido de Merriam-Webster.com, Thesaurus, s.v. "persist", www.merriam-webster.com (consultado el 17 de abril de 2012).

3. Keefauver, ed., *The Original Azusa Street Devotional*, p. 102.

CAPÍTULO 5: LA ORACIÓN DEL DESVALIDO

1. Traducido de Merriam-Webster.com, Dictionary, s.v. "destitute", www.merriam-webster.com (consultado el 18 de abril de 2012).

2. *Barnes' Notes*, electronic database, s.v. "Ps. 102:17", PC Study Bible, copyright © 1997 Biblesoft.

3. Traducido de Webster's Online Dictionary, s.v. "Common Expressions: Fortuna", www.websters-online-dictionary.org (consultado el 18 de abril de 2012).

4. Wikipedia.org, s.v. "Rota Fortunae", http://en.wikipedia.org (consultado el 18 de abril de 2012).

5. KJVToday.com, "'Troop/Number' o 'Fortune (Gad)/Destiny (Meni)' in Isaiah 55:11?", www.kjvtoday.com (consultado el 18 de abril de 2012).

CAPÍTULO 6: ORACIÓN DE MEDIANOCHE Y DE MEDIODÍA

1. Sr. Eleanor, "Vigils: Prayer During the Darkness of Night", *Cistercian Vocation* (blog), 22 de junio de 2008, www.cistercianvocation.wordpress.com (consultado el 18 de abril de 2012).

2. *Adam Clarke's Commentary*, electronic database, s.v. "Psalms 42:8", PC Study Bible, copyright © 1996 Biblesoft.

3. Pasor E. Adeboye, "Night Vigil", SolidRockDublin.org, 22 de febrero de 2011, www.solidrockdublin.org (consultado el 27 de marzo de 2012).

4. *Moby Thesaurus*, s.v. "high noon", Babylon.com, www.thesaurus.babylon.com (consultado el 19 de abril de 2012).

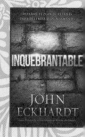

JOHN ECKHARDT

CASA CREACIÓN   Editorial Nivel Uno

PRESENTAN:

Para vivir la Palabra

CASA CREACIÓN

Te invitamos a que visites nuestra página
web donde podrás apreciar la pasión por
la publicación de libros y Biblias:

www.casacreacion.com

Para vivir la Palabra